AF563334

LAS ADICCIONES EN LA ADOLESCENCIA

CÓMO PREVENIRLAS Y ABORDARLAS

JAUME FERNÁNDEZ

www.adicciones-adolescencia.guiaburros.es

Diseño de cubierta: © Marta Villarín (EDITATUM)

Maquetación de interior: © EDITATUM

Primera edición: septiembre de 2023

ISBN: 978-84-19731-23-4

Depósito Legal: M-25904-2023

IMPRESO EN ESPAÑA/ PRINTED IN SPAIN

Te invitamos a registrar la compra de tu libro o *e-book* dándote de alta en el **Club GuíaBurros,** obtendrás directamente un cupón de **2€ de descuento** para tu próxima compra.

Además, si después de leer este libro lo has considerado útil e interesante, te agradeceríamos que hicieras sobre él una **reseña honesta en cualquier plataforma de opinión** y nos enviaras un *e-mail* a **opiniones@guiaburros.es** para poder, desde la editorial, enviarte **como regalo otro libro de nuestra colección.**

guía burros

Sobre el autor

Jaume Fernández Roigé nació en Barcelona y es diplomado universitario en Enfermería en E.U.I de Bellvitge (Universitat de Barcelona). Como formación adicional cursó el Máster Universitario Oficial de Enfermería en Urgencias, Emergencias y Cuidados Críticos en la Universidad Europea de Madrid; obtuvo el Diploma de Posgrado en Atención Integral de Enfermería al Enfermo Frágil en la Fundación Privada Hospital Parc Taulí de Sabadell y el Diploma de Posgrado en Curas de Enfermería al Enfermo Crítico en la E.U.I de Bellvitge, igualmente hizo el Curso presencial de R.C.P Básica e Instrumentalizada y Utilización del D.E.S.A en el Hospital Quirón de Madrid.

Tiene una amplia experiencia profesional principalmente en Unidades de Cuidados Intensivos y ha ejercido una intensa actividad docente y de formación siendo Tutor principal de Prácticas Clínicas con que realizan las prácticas en la U.C.I del Hospital Universitario Quirón de Madrid, Tutor principal de Prácticas Clínicas con alumnos de Universidades de Madrid, organizador y realizador de las Jornadas de Prevención Primaria y docente del Curso de Preparación para el Título de Auxiliar de Enfermería en la O.N.G Adefis en Las Rozas.

Participó como ponente durante el II Congreso Internacional Ibero Americano de Enfermería celebrado en Madrid en mayo de 2015.

Es autor del libro *GuíaBurros: Cuando tu cuerpo te avisa de la enfermedad. Guía para cuidar tu salud.*

Agradecimientos

Para Alexandra, mi otra mitad, mi mejor amiga y compañera de vida. Gracias por aguantarme y soportarme, y por hacerme padre de nuevo, de nuestra pequeña Alaia que tenía prisa por llegar, pero llena de felicidad absoluta cada rincón de casa. Te quiero mi vida.

A mi adolescente favorita, mi hija Amaia, y a mi preadolescente favorito, mi hijo Miquel. Gracias por ser los motores de mi vida, gracias por enseñarme a disfrutar cada momento juntos, con nuestras locuras, con vuestras sonrisas… y ahora os toca ser los hermanos mayores de la nueva inquilina de la casa.

A mis padres, que sin vosotros no sería ni como soy, ni hubiera llegado a donde he llegado. Gracias papis por educarme y enseñarme los principales valores de la vida, que estoy intentando imitar con vuestros nietos. Mami te echo mucho de menos, pero estés donde estés seguro que nos cuidas y proteges a todos.

A mis suegros, María y Fidel, por haberme abierto de par en par vuestra casa, y por ayudarnos y apoyarnos día a día.

A mis amigos y familia por compartir buenos y no tan buenos momentos, y por estar siempre ahí.

A Marta y Sebastián por permitirme de nuevo escribir y poder compartir una guía con la gente.

Y, por último, pero no por ello menos importante, para todos los padres presentes, y los futuros, por tener el coraje de comenzar este camino, lleno de alegrías y alguna espina, con vuestros hijos. Disfrutad cada momento con ellos, crecen muy rápido y la vida son dos días.

Índice

¿Cuáles son las principales adicciones que sufren nuestros jóvenes? 13
El alcohol 35
El tabaco 43
El cannabis 53
La cocaína 61
Otras drogas 67
Las adicciones comportamentales o conductuales 71
El trastorno de la conducta alimentaria 73
La adicción a las nuevas tecnologías. La adicción a internet 91
Autolesionarse 103
La adicción a la pornografía 115
La ludopatía 125
Conclusiones 135

¿Cuáles son las principales adicciones que sufren nuestros jóvenes?

La posibilidad de tener algún hijo adolescente con alguna adicción representa uno de los mayores miedos de cualquier padre o madre.

Pero ¿hasta qué punto es cierto que un chico que se encuentra en esa etapa de la vida es más proclive a consumir sustancias psicoactivas o tener hábitos tóxicos, y además hacerlo de forma compulsiva?

Se ha demostrado con varios estudios y trabajos de investigación a diferentes niveles, y en diversos países, que no existe una relación causal evidente. Lo que sí que se ha podido observar es que la predisposición de que un adolescente consuma sustancias nocivas o adquiera hábitos tóxicos de forma compulsiva depende más del entorno social y familiar en el que vive y se mueve.

Para realizar está guía muchos datos han sido extraídos de un informe, la Encuesta Estatal sobre Uso de Drogas en Enseñanzas Secundarias (ESTUDES) en España. Algunos de los datos los veremos más adelante cuando os hable del consumo de ciertas sustancias y sus consecuencias en los adolescentes.

Pero esto no implica el desarrollo de la enfermedad de la adicción (a una o varias sustancias) en sí en la adolescencia. Lo que sí son indicadores de conductas de riesgo para la salud que intentan responder a las necesidades psicológicas y emocionales de algunos adolescentes durante esta etapa de la vida.

Entonces, es cuando nos hacemos la pregunta del millón: ¿qué lleva a un adolescente a consumir? A pesar de que las presiones a las que se enfrentan los adolescentes de hoy en día pueden ser diferentes de las de las generaciones pasadas, no son excusas para que consuman drogas. Las causas del consumo entre adolescentes no han cambiado desde años pasados, y son cuestiones que muchos adultos deben abordar:

- **Curiosidad.** La curiosidad o el deseo de hacer algo diferente es una motivación primaria para el uso de drogas entre adolescentes.

- **Presiones sociales.** El deseo de encajar y ganar aceptación entre sus pares son solo algunas de las presiones sociales que llevan a los adolescentes a consumir drogas. Hay otros que usan drogas y alcohol para ganar confianza sobre sus temores e inseguridades, y a muchos les proporciona el valor para comunicarse en formas que no pueden mientras están sobrios.

- **Problemas emocionales.** Las drogas y el alcohol a menudo ayudan a mejorar el dolor emocional y psicológico. Les da la oportunidad de escapar de problemas con la familia, los amigos y la escuela. La soledad, la baja autoestima, así como problemas de salud mental como la depresión y ansiedad, también pueden impulsar el consumo en estas edades.

Los adolescentes son especialmente vulnerables al consumo de drogas durante los períodos de transición que a menudo traen consigo conmoción, por ejemplo, una mudanza, el divorcio de sus padres, la pubertad, o incluso un cambio de escuela.

Otro concepto que también será muy importante a lo largo de la guía y que nos ayudará a entender mejor qué puede pasar por la cabeza de un adolescente a la hora de iniciarse en el consumo de alguna sustancia que puede llevarle a la adicción, o a tener ciertos comportamientos que también pueden ser adictivos, es la salud mental del adolescente. La salud mental se refiere a nuestro bienestar emocional, psicológico y social. Afecta a la forma en que pensamos, sentimos y actuamos cuando afrontamos las situaciones de la vida. También ayuda a determinar cómo manejamos el estrés, cómo nos relacionamos con los demás y cómo tomamos decisiones.

Para la OMS, "la adolescencia es una etapa única y formativa, pero los cambios físicos, emocionales y sociales que se producen en este periodo, incluida la exposición a la pobreza, los malos tratos o la violencia, pueden hacer que los adolescentes sean vulnerables a problemas de salud mental. Protegerlos de la adversidad, promover en ellos el aprendizaje socioemocional y el bienestar psicológico, y garantizar que puedan acceder a una atención de salud mental son factores fundamentales para su salud y bienestar durante esos años y la edad adulta".

Aunque en el mundo, según se calcula, uno de cada siete adolescentes de 10 a 19 años (14 %) padece algún trastorno mental, estas enfermedades siguen en gran medida sin recibir el reconocimiento y el tratamiento debidos.

Los adolescentes con trastornos mentales son particularmente vulnerables a sufrir exclusión social, discriminación, problemas de estigmatización (que afectan a la disposición a buscar ayuda), dificultades educativas, comportamientos de riesgo, mala salud física y violaciones de derechos humanos.

La adolescencia es un período crucial para el desarrollo de hábitos sociales y emocionales importantes para el bienestar mental. Algunos de estos son:

- Adoptar patrones de sueño saludables.
- Hacer ejercicio regularmente.
- Desarrollar habilidades para mantener relaciones interpersonales.
- Hacer frente a situaciones difíciles y resolver problemas.
- Aprender a gestionar las emociones.

Es importante contar con un entorno favorable y de protección en la familia, la escuela y la comunidad en general.

Los adolescentes padecen trastornos emocionales con frecuencia. Los trastornos de ansiedad (que pueden presentarse como ataques de pánico o preocupaciones excesivas) son los más frecuentes en este grupo de edad. La depresión y la ansiedad presentan algunos síntomas iguales, como son cambios rápidos e inesperados en el estado de ánimo. La ansiedad y los trastornos depresivos pueden dificultar profundamente la asistencia a la escuela, el estudio y el hacer los deberes.

Muchos comportamientos de riesgo para la salud, como el consumo de sustancias o las prácticas sexuales de riesgo, comienzan durante la adolescencia. Los comportamientos de riesgo pueden responder a una estrategia inútil para hacer frente a dificultades emocionales y pueden tener efectos muy negativos en el bienestar mental y físico del adolescente.

Normalmente los adolescentes con adicciones suelen presentar trastornos de conducta.

Los trastornos de conducta se manifiestan con problemas en el autocontrol del comportamiento y de las emociones, violando los derechos de los demás, y pueden llevar al adolescente a conflictos importantes frente a las normas de la sociedad o con las figuras de autoridad.

¿Cuáles son los síntomas de los trastornos de conducta en los adolescentes?

Para las familias no es nada sencillo adaptarse a unas circunstancias de este tipo, y puede que los padres y madres sean incapaces de darse cuenta de que su hijo está sufriendo un trastorno. Para detectar un caso de trastorno, como padre o madre podrás observar en el adolescente lo siguiente:

- Enfados con mucha frecuencia.
- Ningún tipo de respeto con los límites y las normas.
- Miradas y posturas desafiantes e intimidadoras.
- Mentiras o manipulación constante.
- Dificultades académicas y emocionales.
- Conflictos en el ámbito familiar.
- Fracaso académico.
- Falta de autoestima.
- Dificultad a la hora de gestionar las emociones.
- Baja tolerancia a la frustración.

- Contestaciones fuera de tono.
- Discusiones o peleas.
- Incapacidad de obedecer.
- Culpabilidad en los demás, no en sus propios actos.

Estos son algunos datos interesantes sobre los trastornos de la conducta en España:

ⓘ En España han aumentado las demandas por problemas de conducta en un 96 % después de la pandemia de covid-19.

ⓘ La prevalencia en España del trastorno de conducta se sitúa 5 puntos por encima de la media europea, que está en 16,3 % y 8 puntos más que la media mundial, que es del 13,2 %.

ⓘ Se estima que 1 de cada 5 niños tendrá a lo largo de su infancia o adolescencia algún trastorno de conducta.

ⓘ Se trata de un problema de salud más frecuente entre los chicos que las chicas.

ⓘ Las intervenciones de promoción de la salud mental de los adolescentes van orientadas a fortalecer su capacidad para regular sus emociones, potenciar las alternativas a los comportamientos de riesgo, desarrollar la resiliencia (capacidad que tiene una persona para superar circunstancias traumáticas como la muerte de un ser querido, un accidente, etc.) para gestionar situaciones difíciles o adversas, y promover entornos y redes sociales favorables.

¿Qué es la adolescencia?

La adolescencia es el período de tiempo que va entre los 10 y los 20 años y se caracteriza por cambios a diferentes niveles (físicos, psicológicos, emocionales y sociales) que acabarán con la entrada del adolescente en la vida adulta.

La OMS define la adolescencia como la etapa de vida que transcurre entre los 10 y los 19 años. Normalmente esta etapa de la vida se puede dividir en tres fases:

- **Adolescencia temprana.** Esta primera fase se inicia a los 10–11 años y dura hasta los 13. El punto de inicio es la pubertad, cuando se producen ciertos cambios que afectan a diferentes niveles:

    a. **Nivel físico.** Cambios hormonales y de crecimiento físico y sexual.

    b. **Nivel psicológico.** Se inicia el desarrollo del pensamiento formal (el adolescente deja de identificarse con la infancia, pero todavía no es aceptado como un adolescente).

c. **Nivel social.** Con el inicio de todos los cambios que va sufriendo en los diferentes niveles, el adolescente se encuentra fuera de lugar en el ambiente social en el que se desenvuelve.

d. **Nivel emocional.** Los adolescentes a esa edad sufren muchos conflictos emocionales. En esta etapa la familia es un pilar fundamental ante tanto cambio.

- **Adolescencia media.** Esta fase se inicia alrededor de los 14 años y se caracteriza porque el adolescente empieza a sustituir sus modelos de referencia, hasta entonces sus padres, por sus amigos (grupos de iguales). En esta fase se suelen dar los mayores conflictos familiares. Los cambios físicos, psicológicos y emocionales no son tan importantes en esta fase, que dura hasta los 16 años.

- **Adolescencia tardía.** Esta fase se da desde los 17 años hasta los 20 aproximadamente. Durante esa fase el adolescente va recuperando progresivamente el equilibrio, a través de la aceptación, la asimilación y la resolución de los cambios y conflictos vividos.

a. **Nivel físico.** Se llega a la madurez biológica (se suele alcanzar la altura máxima marcada por el propio crecimiento y la complexión corporal pasa a ser la de un adulto).

b. **Nivel psicológico.** Se adquieren nuevas capacidades de procesamiento de la información, mediante el desarrollo del pensamiento autónomo y crítico que le permitirá el funcionamiento en su vida adulta. El adolescente consigue integrar una nueva imagen de sí mismo, de los demás y del mundo.

c. **Nivel emocional.** El adolescente consigue manejar sus emociones de una manera mucho más efectiva.

d. **Nivel social.** Se consolida el proceso de socialización iniciado por el adolescente, que adquiere nuevos valores, actitudes y roles que guiarán sus pasos en la edad adulta.

Voy a tratar ahora de resumir también el otro concepto importante que me ha llevado a realizar esta guía: la adicción.

Para la RAE adicción es: "Dependencia de sustancias o actividades nocivas para la salud o el equilibrio psíquico". Y en una segunda definición: "Afición extrema a alguien o algo". De ello podemos deducir que el mundo de las adiciones es muy amplio y variado. Se puede tener adicción a cualquier cosa o persona. El problema es cuando la persona adicta pierde el control sobre la causa de la adicción.

Para la OMS es "una enfermedad física y emocional".

En el sentido tradicional es una dependencia o necesidad hacia una sustancia, actividad o relación, debido a la satisfacción que esta genera a la persona que la tiene.

El término *adicto* viene del latín, que denotaba al deudor, el que por falta de pago era entregado como esclavo a su acreedor.

¿Cómo se puede prevenir el consumo inapropiado de una sustancia en niños y adolescentes?

Aquí juega un papel fundamental la familia del niño o adolescente, ya que son los pilares fundamentales en los que se va a apoyar, tanto en este tema como en muchos otros que marcarán su desarrollo como persona adulta. Se tiene que:

- **Fortalecer el vínculo.** Hay que trabajar en la relación con los hijos. Si existe un vínculo fuerte entre padres e hijos se reduce el riesgo de que los hijos consuman y acaben volviéndose adictos a alguna sustancia.

- **Comunicar.** Habla con tu hijo o hijos sobre los riesgos del consumo y el abuso de ciertas sustancias que pueden ser adictivas.

- **Escuchar.** Hay que prestar atención cuando tu hijo o hijos te hablen sobre la posible presión de grupo que puedan sentir por parte de sus amigos y semejantes. Hay que mostrarles nuestro apoyo por sus esfuerzos para resistir.

- **Dar buen ejemplo.** Está demostrado que los hijos de padres que son adictos a alguna sustancia presentan un mayor riesgo de caer en esa adicción.

¿Qué es lo que caracteriza a las adicciones?

Como he explicado antes, son una enfermedad que afecta tanto al comportamiento de las personas (alteración psicológica) como al mismo cuerpo de la persona que la sufre, concretamente al cerebro (trastornos neurológico y psiquiátrico).

¿Qué tipos de adicciones existen?

Las adicciones se pueden clasificar en dos grandes grupos:

- Las que dependen de sustancias químicas o tóxicas, también conocidas como drogodependencias (alcohol, tabaco, cocaína, porros...).

- Aquellas en las que el objeto de consumo se orienta a actitudes, comportamientos, relaciones con otras personas u objetos. También se denominan adicciones comportamentales o conductuales (sexo, compras, juego...).

¿Qué entendemos por droga?

Es toda sustancia que una vez consumida modifica diferentes funciones del organismo, tanto en la mente (funcionamiento cerebral, cambios de humor...), como en el cuerpo (alteraciones en el patrón respiratorio, circulatorio...). Generalmente, estas sustancias se caracterizan por pasar rápidamente del torrente sanguíneo a nuestro cerebro, provocando de esta manera cambios en nuestras conductas. Normalmente estos efectos son percibidos como algo placentero durante las primeras veces en que son consumidas. Por esta razón, muchas personas las siguen tomando, a pesar de que las consecuencias sean negativas a corto o medio plazo.

En nuestra sociedad occidental están cada vez más arraigadas las adicciones comportamentales. Además, como podemos comprobar en nuestro día a día, son menos reconocidas y aceptadas, tanto por la persona que la padece como para sus propios allegados.

Que los adolescentes consumen es un hecho innegable. Se encuentran en una etapa de la vida de cambio, de cierta rebeldía y transgresión de las normas. Todo ello acompañado de curiosidad y ganas de experimentar cosas y sensaciones nuevas y desconocidas para ellos.

Generalmente, las sustancias de entrada al consumo son el alcohol, el tabaco y el cannabis, siguiendo este orden.

Según el Plan Nacional sobre Drogas, el alcohol es la sustancia psicoactiva más extendida entre los jóvenes de educación secundaria (entre 14 y 18 años). El 78,9 % han consumido alcohol en algún momento de su vida y el 68,2 % admiten haber bebido en los último 30 días.

El tabaco es la segunda sustancia más consumida. El 38,4 % ha fumado tabaco alguna vez en su vida, el 25,9 % reconoce haber fumado en los últimos 30 días y 1/3 de estos últimos reconoce hacerlo a diario.

Por último, está el cannabis como tercera sustancia más popular entre los jóvenes de 14 a 18 años. El 29,1 % admite haberlo consumido en alguna ocasión y el 18,6 %, en los últimos 30 días.

Para poder entender el consumo de una o varias sustancias debemos diferenciar entre:

- **Uso.** Consumos de una o varias sustancias de forma ocasional sin generar dependencia. Hay diferentes tipos de usos:

    1. **Uso experimental.** Esto ocurre cuando una persona prueba una o varias sustancias en una determinada situación.

    2. **Uso recreativo.** Esto ocurre cuando el consumo empieza a ser regular dentro de unos contextos de ocio y acompañados con más gente (amigos, colegas...). El objetivo aquí es la búsqueda de sensaciones agradables y disfrutar.

    3. **Uso habitual.** Esto ocurre cuando la frecuencia y la cantidad de sustancia consumida aumentan. La sustancia consumida pasa a tener un papel importante en la vida de la persona, le gusta la sensación que produce, por lo que es muy probable que la tome repetidamente, y ya no solo en compañía, también en solitario.

- **Abuso.** Entendemos como abuso el momento en el cual la persona adicta dedica la mayor parte de su tiempo al consumo, dejando, seguramente, muchas otras actividades por hacer en su día a día que seguramente antes le gustaban.

- **Dependencia o adicción.** A este punto se llega cuando el consumo se torna compulsivo. La persona adicta ha ido adaptando sus necesidades al consumo y suple con ello sus necesidades de cariño, relación, diversión, etc. Existen dos tipos de dependencia:

  - **Dependencia física.** Implica que el cuerpo y el cerebro se acostumbran a funcionar con determinados niveles de la sustancia en sangre, lo que significa que se ha generado una tolerancia (lo que significa que cada vez se necesitan dosis más elevadas de esa sustancia para lograr el efecto deseado, y que los efectos de la sustancia, si no se incrementan las dosis, son menos intensos con el uso continuado). Si no consume la sustancia, los niveles en sangre de esta bajan y el cuerpo reacciona con el síndrome de abstinencia (conjunto de reacciones físicas y psicológicas que suceden cuando una persona con una adicción deja de consumir la sustancia de golpe o consume menos dosis de la que solía tomar. Por ejemplo, temblores, sudoración, etc.

  - **Dependencia psicológica.** Esta surge cuando no consumir una sustancia provoca malestar, irritabilidad, etc.

¿Qué características puede presentar una persona adicta?

Las características que puede tener esta persona son las siguientes.

- Dedica una parte importante de su día a actividades relacionadas con la obtención de la sustancia, el consumo de la sustancia o la recuperación tras el consumo.

- Reconoce que consume más cantidad de sustancia de la que le gustaría, o durante períodos más largos de tiempo de los que quisiera.

- Presenta temporadas en que pretende abandonar el consumo, pero no lo consigue.

- Prioriza el consumo por encima de actividades sociales, laborales o de ocio.

- Sigue consumiendo a pesar de tener problemas personales, sociales, etc. causados o agravados por el consumo de la sustancia.

- Consume incluso en situaciones en las que es peligroso para su cuerpo.

- Continúa con el consumo a pesar de ser consciente de tener un problema físico y psicológico por su adicción.

¿Qué síntomas presenta una persona adicta?

Cuando una persona es adicta presenta varios síntomas, que varían en su cantidad e intensidad, según el momento en que se encuentre.

- Necesidad imperiosa de consumir, de autoadministrarse la sustancia o sustancias de las que presenta adicción. Se utiliza el termino *craving* para denominar ese deseo persistente.

- Consumo de otras sustancias adictivas para potenciar el efecto deseado.

- Pueden presentar el *efecto rebote,* ya que la persona puede sentirse con más ganas de volver a consumir una vez el efecto de la sustancia haya pasado. Las ganas de consumir van aumentando con el paso del tiempo de consumo.

- Como he explicado antes, se acaba creando una tolerancia, ya que el efecto que se crea con las mismas cantidades va disminuyendo según va pasando el tiempo de consumo continuado: cada vez se necesita más dosis para obtener el mismo efecto.

- Presencia del síndrome de abstinencia, que se produce cuando se deja de tomar la sustancia. El cerebro se acostumbra a funcionar con una sustancia, por lo que va a necesitar una nueva dosis para obtener el efecto deseado, o para evitar síntomas no deseados como el estrés, el desánimo, etc.

- Alteraciones en la conducta. Estas alteraciones se pueden producir porque está bajo los efectos de la sustancia o porque ya la está echando de menos. Según la sustancia que se esté tomando pueden aparecer conductas violentas, agresividad, alucinaciones, apatía, etc.

- Cambio de prioridades. La persona adicta pasa la gran mayoría de su tiempo consumiendo o tratando de conseguir la siguiente dosis. Deja de hacer muchas otras actividades, incluso placenteras. La sustancia está por encima de cosas tan importantes como son la familia, la salud, el trabajo, los amigos, etc.

- Cambios a nivel cerebral. La persona adicta cambia su forma de pensar, de opinar. Su principal motivación es consumir la sustancia a la cual es adicto. Muchas personas adictas piensan que son capaces de controlarlo y que nunca llegaran a ser adictas, cuando ya lo son. Es una forma de autoengañarse, no ven ni los riesgos ni los problemas que a varios niveles les puede llevar la adicción, solo valoran lo gratificante del consumo de esta.

- Recaída. Cuando una persona es adicta y decide dejar de consumir, es muy fácil que por determinadas situaciones decida de nuevo volver a hacerlo. Al volver a caer, esta vez el descontrol en todos los sentidos que se produce puede ser mayor que en los anteriores momentos de consumo.

¿Cómo puedo reconocer el consumo no saludable de alguna sustancia en un adolescente?

Las señales que pueden permitirnos reconocer que un adolescente está consumiendo son:

- **Problemas de salud física.** El adolescente puede empezar a presentar pérdida o aumento de peso de forma repentina y sin motivo aparente, tener falta de energía y de motivación para hacer cosas, presentar los ojos rojos, además de otros problemas que irían asociados a cada tipo de sustancia de consumo (se verá más adelante cuando hable de cada sustancia en particular).

- **Problemas en la escuela/instituto/universidad o en el trabajo.** El adolescente empieza a tener ausencias frecuentes en las clases o en su sitio de trabajo y presenta un desinterés de forma repentina en las actividades escolares o laborales, que se manifiesta en una bajada de notas o presentar un menor desempeño laboral.

- **Cambios en la conducta.** Presenta cambios conductuales con sus familiares, amigos o compañeros de trabajo, empieza a ser más reservado tras las salidas con sus amigos, intenta impedir la entrada en su habitación por parte de sus familiares.

- **Presentar aspecto más desaliñado.** Presenta una falta de interés por su apariencia, aseo personal o tipo de ropa que lleva puesta.

- **Problemas de dinero.** Empieza a pedir dinero de forma repentina y sin dar una explicación razonable. Algunos empiezan a robar a sus propios familiares más allegados, tanto dinero en metálico como objetos de valor, que son usados para obtener dinero en metálico para poder obtener la droga de consumo.

Pero, ¿por qué se consume?, ¿qué factores y situaciones nos pueden llevar a consumir una sustancia?

Hoy en día se sabe que para que surja una adicción influyen varios factores, que interaccionan entre ellos.

- **Factores genéticos.** La genética de la persona es un factor fundamental. Se ha demostrado que el trastorno adictivo en el que es más importante la genética es en el consumo de alcohol. Se cree que hasta un 50 % de la vulnerabilidad de una persona a desarrollar adicción al alcohol es de origen genético.

- **Personalidad.** Hay determinadas formas de ser o rasgos personales de un individuo que incrementan el riesgo de padecer una adicción, como ser impulsivos o tener tendencia a buscar emociones y sensaciones nuevas.

- **Factores ambientales.** Hay ciertos estímulos a los que una persona es sometida a lo largo de su vida que favorecen la adicción a una sustancia. Las creencias, experiencias familiares y en los adolescentes la exposición a nuevas experiencias con personas semejantes a ellos (grupo de amigos, compañeros de clase) pueden ser el primer paso a una adicción. La edad a la que se empieza a consumir (el inicio del consumo a una edad temprana provoca unos cambios en el cerebro que aumentan las posibilidades de adicción), el aumento de la cantidad de sustancia necesaria para obtener el efecto deseado, la forma de tomar la droga (solo, acompañado, en lugares de diversión, etc.), o la vía de administración de esta, son factores que también pueden favorecer a que una persona se vuelva adicta.

- **Factores sociales.** Cuanto más económica y accesible es una droga, más se extiende y fomenta su consumo y más adictos puede crear. Además, si su publicidad en los medios es permitida (alcohol y tabaco), el problema se puede hacer mayor.

- **Padecer una enfermedad mental.** La presencia de una enfermedad mental incrementa el riesgo de poder desarrollar una adicción a una droga: depresión, estrés postraumático, trastorno por déficit de atención, hiperactividad... El consumo de una sustancia puede ser una forma de enfrentarse a los sentimientos dolorosos, como la ansiedad, sentimiento de soledad...

- **Falta de implicación familiar.** Las situaciones familiares difíciles o conflictivas o la falta de un vínculo con tus padres o hermanos puede aumentar el riesgo de adicción. También si existe una falta de supervisión por parte de los padres.

Que alguno o algunos de estos factores anteriores se manifieste en una persona que ha empezado a consumir alguna sustancia potencialmente adictiva provoca cambios en el cerebro de esa persona, concretamente en un lugar conocido como los *circuitos de recompensa.* Estos circuitos son los responsables de transmitir a la persona que una conducta es beneficiosa para él, y entonces vale la pena repetirla (comer, relacionarse con otros, realizar actividades lúdicas, etc.). Las drogas consumidas lo que hacen es que estos cambios se potencien, lo que lleva a que el consumo deseado sea cada vez mayor para obtener más grado de placer y recompensa. Se genera de esta forma un círculo vicioso que lleva al individuo a la adicción de la droga o drogas consumidas.

La adicción se considera una enfermedad crónica que ocurre tras el consumo de forma continuada de una sustancia a lo largo de un período de tiempo relativamente largo.

El curso evolutivo de una adicción puede presentar periodos en los que el consumo de la sustancia es abundante (periodo de recaída), con otros en los que casi no se consume o se deja de consumir (periodo de abstinencia).

El alcohol

Como hemos visto en la explicación de la adolescencia, durante su etapa inicial y media (entre los 11 y 17 años), los adolescentes están desarrollando su propia imagen, la cual deben mostrar y potenciar hacia los demás. Necesitan independizarse de sus núcleos familiares y ser aceptados en grupos sociales de semejantes. Esto puede llevar a los adolescentes a llevar a cabo comportamientos de riesgo (durante esa etapa presentan una sensación de fortaleza e invulnerabilidad), y uno de ellos es el inicio al consumo de alcohol.

El alcohol es, sin duda, la droga legal más accesible dentro de nuestra sociedad. De diferentes estudios se puede deducir que un 65 % de los adolescentes españoles se declara consumidor de bebidas alcohólicas. La cerveza, el vino y la mezcla de ciertos licores con refrescos son los más consumidos.

¿Qué riesgos presenta el consumo de alcohol en la adolescencia?

El alcohol es un depresor del sistema nervioso central que actúa bloqueando el funcionamiento del sistema cerebral responsable de controlar las inhibiciones. Los daños más importantes que se pueden derivar del consumo de alcohol en la adolescencia tienen que ver con la salud mental.

El cerebro del adolescente está en pleno desarrollo, está adquiriendo diferentes capacidades (razonamiento, planificación, creación de un discurso, procesamiento de información, etc.), hasta conseguir un cerebro maduro. El consumo de alcohol puede hacer que este proceso de maduración presente importantes carencias. Otras zonas cerebrales que se ven afectadas por el consumo de alcohol son las responsables de la memoria y del aprendizaje, lo que afecta a las capacidades de crear y almacenar recuerdos, y alterar la atención y la concentración.

Además de todas estas afecciones, afecta de forma muy importante a la conducta, lo que puede provocar el desarrollo de conductas no adecuadas, como un comportamiento agresivo, que pueden implicar la dificultad de tener un correcto desarrollo de las relaciones sociales.

Según la OMS también existen otros riesgos derivados del consumo de alcohol en los adolescentes:

- **Accidentes de tráfico.** Representan una de las mayores causas de muerte prematura entre personas jóvenes.

- **Aumento de conductas violentas agresivas.** Peleas, comisión de diferentes actos delictivos, problemas de diferente índole con la policía. Importante también es destacar el aumento de la violencia de genero en adolescentes, muchas veces producida bajo los efectos del alcohol.

- **Fomento de las relaciones sexuales sin protección.** Esto puede acarrear el aumento de las enfermedades por transmisión sexual y otros riesgos como los embarazos precoces no deseados, con todo lo que conlleva.

Normalmente los adolescentes se reúnen para consumir alcohol, y lo hacen en el famoso botellón, que es la concentración de grupos de personas, generalmente jóvenes, en plazas, calles, descampados y otros lugares públicos con la finalidad de pasar el rato bebiendo, normalmente alcohol, con los amigos. Se suelen celebrar los fines de semana o días festivos, aunque tampoco es raro encontrarse pequeños grupos de adolescentes consumiendo alcohol entre semana en algunos parques públicos.

Existen informes que destacan que un 40 % de los jóvenes de entre 14 y 24 años ha asistido al menos una vez a algún botellón en cualquier ciudad o población de España.

Como se ve, el ocio juvenil está cambiando, y eso se debe a alguno de los siguientes factores:

- **Búsqueda de un espacio propio.** Como he explicado antes al describir la adolescencia y sus etapas, desde que empieza esta nueva aventura dentro del crecimiento de cada persona una de las cosas que lleva consigo los diferentes cambios que sufre el adolescente es distanciarse de sus familiares mayores para crear un espacio propio donde poder establecer sus relaciones con sus personas semejantes (de la misma edad y que experimentan los mismos cambios). Los adolescentes relacionan el botellón con pasar tiempo con sus amigos (personas semejantes), escuchando música que les gusta, hablando de sus temas que le interesan y practicando hábitos que son mal vistos o prohibidos por la ley y por su entorno familiar, como es el consumo de alcohol.

- **Bajo precio del alcohol.** Según los datos obtenidos de varias encuestas y estudios realizados a jóvenes que consumen alcohol, normalmente en los botellones se observa cómo la diferencia de coste entre realizar un botellón con amigos y el de consumir alcohol en los bares, discotecas y otros espacios de consumo es muy grande, lo que favorece que se hagan los botellones.

  Además, con los botellones también se evitan los controles de acceso que existen en los locales nocturnos para los menores de edad y se evitan así los horarios de esos establecimientos.

- **Integración en un grupo.** La mayoría de los adolescentes se inician en el consumo de alcohol en un botellón. La compra de la bebida se hace en grupo. Se comparten los gastos, incluso se comparte en muchas ocasiones beber de la misma botella o del mismo vaso. De esta forma se establece unos lazos con otros semejantes, con los cuales se intercambian experiencias, sentimientos, aficiones, etc.

¿Qué consecuencias puede tener el botellón en los adolescentes?

En un botellón se suele beber gran cantidad de alcohol en poco tiempo. Este hecho provoca que al hígado no le de tiempo a eliminar el etanol (agente tóxico que contiene el alcohol), por lo que sus efectos nocivos empiezan a hacer efecto en el tejido cerebral y aparecen los primeros síntomas de intoxicación etílica, como son falta de coordinación, mareo, euforia, agresividad, dolor de cabeza, vómitos, pérdida de la consciencia, etc.

Esta intoxicación etílica puede derivar en un coma etílico, que incluso puede provocar la muerte (hemos de recordar aquí la niña de 12 años que murió por coma etílico en la comunidad de Madrid el 1 de noviembre de 2016, tras un botellón para celebrar Halloween). Cabe destacar también que en las urgencias hospitalarias han crecido exponencialmente los ingresos por como etílico entre los adolescentes durante los últimos años.

¿Qué se puede hacer para frenar el consumo de alcohol entre los jóvenes adolescentes?

- **Educarlos en un consumo responsable.** La familia es el entorno más cercano de los adolescentes y juega un papel fundamental para evitar que se inicien en el consumo de bebidas alcohólicas. La normalización del consumo de alcohol muchas veces está inducida por el núcleo familiar y se transmite a los adolescentes como algo asociado a la vida adulta. El marcado carácter social que presenta esta droga y la gran aceptación de la que goza permite que se cataloguen como normales patrones y formas de consumo que son claramente desmesurados.

- **Fijar una edad para comprar y consumir alcohol.** Regulando de una forma más estricta la forma en que se proporcionan y se pueden conseguir las bebidas alcohólicas. Aunque es una droga legal, no está permitida la venta de alcohol a menores de 18 años. Pero, como podemos ver, día si y día también los menores se las apañan para conseguirlo.

- **Fomentar la concienciación de los efectos y de los graves riesgos que conlleva el consumo de alcohol a cualquier edad.** Utilizando para ello campañas a todos los niveles para que la información pueda llegar al máximo número de personas.

Ahora bien, para fomentar la prevención del consumo de alcohol en adolescentes no se debe caer en actitudes autoritarias restrictivas o severas, ya que está demostrado que un control excesivo y las prohibiciones radicales consiguen el efecto contrario, ya que el adolescente se siente atacado y desacreditado. La mejor opción para prevenir el consumo de alcohol en la adolescencia consiste en promover una educación sólida en valores y fomentar un estilo de vida saludable, un proceso educativo que debe iniciarse en casa y que posteriormente se debe profundizar y reforzar en los centros educativos.

Según la última Encuesta sobre el Uso de Drogas en Enseñanza Secundaria en España (ESTUDES) del año 2021, se desprende que el alcohol es la sustancia psicoactiva con mayor prevalencia de consumo entre los estudiantes de 14 a 18 años.

El 73,9 % de ellos lo había probado alguna vez y el 41 % confirmó haber realizado botellón en el último año. El 28 % había consumido alcohol en exceso, de forma compulsiva, y había experimentado alguna borrachera.

En esta encuesta también cabe destacar que casi el 80 % de los jóvenes encuestados manifiestan no tener la suficiente información sobre las drogas. También manifiestan que es relativamente fácil acceder a las drogas legales (alcohol y tabaco). Incluso el 61 % admite que tiene una cierta facilidad para acceder a ciertas drogas no legales, sobre todo el cannabis.

El gran problema que presenta el consumo de alcohol es que sirve de puerta de entrada a otras sustancias tóxicas, muchas de ellas realmente adictivas. Por lo que el adolescente, al ir creciendo, puede tender a caer en un policonsumo de sustancias y a desarrollar una adicción.

El tabaco

El consumo de tabaco entre los adolescentes es un problema de salud pública importante. Según la OMS, es la principal causa evitable de enfermedades y muerte de forma prematura en todo el mundo.

El inicio en el consumo de tabaco en edades tempranas aumenta exponencialmente el riesgo de adicción y la presencia de problemas de salud a largo plazo.

El tabaco es una planta originaria de América que contiene nicotina (alcaloide tóxico que provoca la adicción). En sus orígenes era muy utilizado en el campo de la medicina y de la religión. Posteriormente ya se inició su comercialización para uso más recreativo.

Al ser una droga, por mucho que sea legal junto al alcohol, puede generar una dependencia psicológica y física cuando se consume abusivamente, lo que genera problemas de salud principalmente, que también puede conllevar otros problemas como económicos, etc. Parece que sobre los efectos nocivos del tabaco hay un poco más de conciencia social; de hecho, en muchos países los anuncios publicitarios de este tipo no están permitidos.

Como he dicho anteriormente, la nicotina es la responsable de la adicción al tabaco. Se trata de una sustancia que altera significativamente el funcionamiento del cerebro provocando la adicción. Se puede observar en las personas adictas al tabaco que, si no fuman el deseado cigarrillo, empiezan a sentir malestar, representado en nerviosismo, ansiedad, etc.

No hay que olvidar que el humo del tabaco es el responsable de numerosas enfermedades de nuestro sistema respiratorio, al igual que del cáncer de pulmón o laringe, y también es causante de problemas en nuestro corazón como infartos o accidentes cardiovasculares.

Los adolescentes y el tabaco

Después del alcohol, el tabaco es la sustancia psicoactiva más consumida por los jóvenes de entre 14 y 18 años. El primer contacto con el tabaco se produce, de media, a los 14,1 años, y se adquiere el hábito de fumar diariamente a los 14,7 años de media. Otro dato que destacar, de carácter informativo, es que las chicas fuman más que los chicos ya desde el principio de consumo. Como va aumentando la edad de los adolescentes aumenta también el consumo. Según la Asociación Americana contra el Cáncer, cada día casi 3000 menores de 18 años prueban su primer cigarrillo y otros 700 se convierten en fumadores habituales, en Estados Unidos. Imaginemos un momento el número que será en todo el mundo... Son datos para reflexionar.

¿Qué riesgos conlleva el consumo de tabaco en los adolescentes?

Los peligros de iniciarse al consumo de tabaco en edades muy tempranas son muy importantes. Cabe destacar que los pulmones a esas edades (recuerdo que el inicio de consumo se calcula sobre los 14 años de media) aún no se han terminado de formar. El adolescente aún está en fase de crecimiento y desarrollo físico y su capacidad pulmonar todavía no ha alcanzado el cien por cien. Esto será importante ya que, con el avance de la edad, siga o no el consumo, cuando lleguen por alguna razón los problemas respiratorios, estos jóvenes ya partían de una capacidad alterada desde su adolescencia, y las repercusiones serán más graves cuando quieran llevar una vida normal.

También se puede generar deterioro de las piezas dentales, tos frecuente, aumento de la mucosidad (con el riesgo de que si no se expulsa puede generar infecciones), y problemas y enfermedades más graves como los siguientes:

- **Enfermedades respiratorias.** Son las más relacionadas con el consumo de tabaco. La enfermedad pulmonar obstructiva crónica (EPOC) es una enfermedad crónica de las vías aéreas que llega a resultar incapacitante y que deteriora de forma importante la calidad de vida de quien la sufre. Esta enfermedad, que actualmente no tiene cura, está producida principalmente por la exposición al humo del tabaco, lo que ocasiona una pérdida de la función de nuestros pulmones de forma acelerada. Esto implica que la oxigenación de la sangre y del resto de los órganos de nuestro cuerpo no sea la más adecuada. Cabe destacar que entre el 10 y 15 % de las personas que fuman acabarán desarrollando EPOC, y que para esta enfermedad lo más importante para su desarrollo no es el número de cigarrillos que puedes fumar al día, sino el tiempo que llevas fumando. De ahí la importancia de la edad de inicio en el tabaquismo de nuestros jóvenes. Otras enfermedades respiratorias como la fibrosis pulmonar y muchas de las infecciones respiratorias (bronquitis, neumonía, etc.) se ven favorecidas en su desarrollo con el tabaquismo.

- **Cáncer de pulmón.** El consumo del tabaco es su principal causa. El humo del tabaco contiene una elevada concentración de agentes cancerígenos (se estima que en el humo del tabaco hay más de 7000 compuestos distintos; de todos ellos se ha comprobado que más de 70 son agentes cancerígenos para el ser humano). Este humo se esparce en el aire y es nocivo tanto para los propios fumadores como para los no fumadores. Dejar de fumar reduce considerablemente el riesgo de desarrollar cáncer de pulmón.

- **Cáncer de laringe.** Según la Asociación Española contra el Cáncer, el tabaquismo, junto a otros factores de riesgo como son el alcohol, la dieta no saludable, etc., favorece la aparición de este tipo de cáncer. Está demostrado que los fumadores que además consumen alcohol potencian las posibilidades de desarrollar este tipo de cáncer.

- **Enfermedades cardiovasculares.** Se ha demostrado también que el consumo de tabaco es un factor de riesgo muy importante que favorece la aparición de enfermedades cardiovasculares, como por ejemplo el infarto de miocardio y otras dolencias cardiovasculares.

Aunque la mayoría de los adolescentes son conscientes de que el consumo de tabaco puede conllevar todas estas complicaciones, y es una de las mayores causas de mortalidad, no les disuade la idea de probarlo.

¿Qué factores pueden influir en el consumo de tabaco?

Los factores siguientes pueden favorecer en el consumo de tabaco por parte de nuestros adolescentes:

- Consumo de tabaco en los familiares más cercanos (padres, hermanos, primos, etc.).

- Consumo de tabaco en el grupo de amigos que más frecuenta.

- Fácil acceso, disponibilidad y precio accesible a los productos que llevan tabaco (todo y que existen leyes que lo regulan, es muy fácil acceder a ellos, como en el caso del alcohol).

- Baja autoestima, bajo rendimiento escolar u otros problemas dentro de la esfera de lo social.

- La exposición que se hace del consumo de tabaco que se hace en la televisión (películas, series, etc.), videojuegos, etc.

- Predisposición genética.

- Reducir o prevenir el estrés.

¿Cómo se puede evitar que los adolescentes consuman tabaco?

Se deben seguir los siguientes consejos para evitar la adicción al tabaco en los adolescentes:

- **Dar ejemplo.** Es importante que los padres y educadores hablen con los adolescentes sobre los peligros que conlleva el consumo de tabaco, y que les proporcionen información precisa sobre sus efectos en la salud. Si los padres son fumadores, hay muchas papeletas de que los hijos también caigan a la larga.

- **Fomentar un estilo de vida saludable.** Ayudar a los adolescentes a desarrollar hábitos saludables, como hacer ejercicio regularmente, comer una dieta lo más sana y variada posible, evitar sustancias nocivas (tabaco, alcohol, drogas, etc.).

- **Ser pacientes y comprensivos.** Si los adolescentes ya han empezado a fumar, tenemos que mostrarles nuestro apoyo para que intenten dejarlo. Dejar de fumar puede ser difícil para cualquier persona, pero especialmente para los adolescentes que están sufriendo muchos cambios tanto físicos como emocionales y psicológicos en sus vidas. Se tiene que ser paciente y comprensivo con ellos para ayudarlos a dejar este hábito.

- **Buscar apoyo externo.** Si el adolescente precisa de ayuda exterior (profesionales sanitarios que puedan pautar tratamiento sustitutivo para dejar de fumar), no se debe dudar en pedirla. También se pueden buscar alternativas saludables para aliviar el estrés o la ansiedad que se pueden generar durante el abandono del tabaquismo, como por ejemplo hacer ejercicio físico o practicar técnicas de relajación.

Para acabar con el problema del tabaco en los adolescentes no puedo olvidar los cigarrillos electrónicos (vapeadores). La industria tabacalera se ha encargado de vender en los últimos años que los nuevos productos para fumar como los vapeadores son mucho menos dañinos que el tabaco convencional.

Los vapeadores, las cachimbas y el tabaco por calentamiento (PTC) son los nuevos productos para fumar que se han puesto de moda entre los jóvenes. La industria tabacalera ha encontrado en las redes sociales digitales una vía para promover el consumo de tabaco o inhalación de humo y aerosoles entre la juventud. Los cigarrillos electrónicos se comercializan libremente en España, a diferencia del tabaco, que solo se puede conseguir en estancos o en máquinas de tabaco en sitios de restauración.

Los expertos del Comité Nacional para la Prevención del Tabaquismo (CNPT) nos advierten de la falsa sensación de inocuidad que rodea a los cigarrillos electrónicos, cuyo uso y consumo puede ser especialmente perjudicial para los adolescentes. Utilizan como gancho la extensísima gama de sabores que hay para vapear.

Estos dispositivos consisten en un pequeño depósito o cartucho que contiene el líquido (con o sin nicotina, y los demás compuestos químicos que le dan el sabor), mediante un sistema electrónico con una batería y un atomizador (donde se vaporiza la mezcla de los compuestos químicos). Se inhala el aerosol producido y se emite una parte de él al ambiente.

Los expertos consideran que estos dispositivos son peligrosos porque pueden ser la puerta de entrada a la adicción al tabaco. Normalmente, los adolescentes se inician con los dispositivos sin nicotina, y a continuación ya usan dispositivos que la llevan.

Son aparatos que tienen diseños muy coloridos y llamativos, y la cantidad de sabores que existen es enorme (algunos de los más populares son los de sabor a frutas varias, chocolate, canela, tabaco, café, etc.).

Se ha demostrado que, cuando estos saborizantes (aditivo alimentario capaz de modificar el sabor y el aroma de una sustancia) se calientan, se producen sustancias cancerígenas. Los saborizantes no son los únicos elementos que son potencialmente dañinos para la salud con el uso de los vapeadores, ya que se han encontrado sustancias cancerígenas tanto en los líquidos como en el aerosol que se forma cuando se vapea. Los que utilizan nicotina pueden llevar a la adicción tal y como hace un cigarrillo normal.

El vapeo puede causar daño pulmonar, ya que hay dispositivos de alta potencia o para aquellas personas que inhalan los líquidos con frecuencia. Se han descrito varios episodios de intoxicaciones y otros efectos adversos graves en personas que lo han utilizado.

Por otro lado, el PTC es un producto de tabaco procesado que, en lugar de sufrir combustión, se calienta. Esto produce aerosoles que contienen nicotina y otros agentes químicos, inhalados a través de la boquilla. Se trata de dispositivos cuyo consumo es todavía minoritario en España, pero que se ha multiplicado desde su lanzamiento al mercado.

Por último, se encuentran las pipas de agua o cachimbas. Se calcula que fumar una de ellas puede durar alrededor de 80 minutos, lo que se traduce en que un fumador da entre 50 y 200 caladas. La cantidad de humo inhalada equivale al de 200 cigarrillos. Según un estudio de la Asociación Española Contra el Cáncer: "La evidencia recogida hasta el momento ha observado que su uso aumenta el riesgo de cáncer de pulmón en un 122 %, pero también el riesgo a padecer de cáncer de esófago. Por otra parte, produce alteraciones en las funciones pulmonares y cardiacas, así como afectaciones en la cavidad bucal".

Por todo ello hacen falta campañas institucionales de sensibilización y de prevención específica, orientadas a las familias y a las escuelas.

La exposición al humo ambiental del tabaco, también conocida como tabaquismo pasivo, se ha relacionado con numerosas enfermedades. Es un riesgo totalmente evitable e indeseable cuya mortalidad no es fácil de cuantificar. Incluso las estimaciones más conservadoras son muy elevadas.

La mortalidad atribuible al tabaquismo se debe fundamentalmente al consumo directo, pero también a la exposición al humo ambiental (tabaquismo pasivo o humo de segunda mano, que es el que se inspira al estar cerca de una persona que está fumando) y al humo residual o de tercera mano (el que queda en las superficies y el ambiente en los lugares en los que se ha fumado). Según datos de la OMS, cada año fallecen en todo el planeta más de 8 millones de personas a causa del tabaco. Más de 7 millones de estas defunciones se deben al consumo directo y alrededor de 1,2 millones son consecuencia de la exposición de no fumadores al humo ajeno. Es un cálculo muy aproximado, ya que no todos los países disponen de métodos fiables para cuantificar el tabaquismo y sus consecuencias.

El cannabis

Según la OMS el cannabis es la droga ilegal más consumida en el mundo. Especialmente preocupante es el hecho de que el consumo cada vez se inicia a edades más tempranas, en la adolescencia, entre los 12 y 17 años, precisamente una época en la que el cerebro es muy plástico y se están formando conexiones sinápticas importantes, sobre todo de cara a la adquisición de conocimientos y al control de estímulos negativos como el miedo o la ansiedad.

El consumo ha aumentado entre las personas más jóvenes porque pocos de estos tienen la percepción de que se trate de una droga peligrosa, que pueda crear adicción o que pude causarles un perjuicio para su salud, su rendimiento académico o sus habilidades sociales.

El cannabis es un psicotrópico obtenido de la planta del cáñamo. Su denominación científica es *cannabis sativa* y hay constancia histórica de su consumo desde hace unos 5000 años. De esta planta se obtienen como derivados la marihuana y el hachís.

Esta droga también es conocida con otros nombres, como son hachís, marihuana, maría, hierba, chocolate, porro, canuto, petas, *dagga*, *bhang* y *ganja*. Yo solo voy a utilizar el nombre de cannabis para referirme a todas sus variedades.

Es una droga ilegal en España, aunque su consumo está ampliamente difundido por el país, sobre todo entre los más jóvenes. Es una droga que actúa sobre el SNC, teniendo un efecto estimulante a dosis altas, y efecto sedante a dosis más bajas.

El consumo de cannabis en la adolescencia puede tener efectos negativos en el desarrollo cerebral y emocional del adolescente, así como aumentar el riesgo de padecer problemas de salud mental y adicción. Su consumo durante la adolescencia se relaciona con un mayor riesgo de desarrollo de trastornos psicológicos como la ansiedad, la depresión y la psicosis. También puede afectar el rendimiento académico y las relaciones sociales. Además, los adolescentes que consumen de forma regular cannabis son más propensos a otro tipo de sustancias además del cannabis, ya que los efectos placenteros que provoca su consumo pueden dar pie a buscar nuevas sensaciones.

En los adolescentes el cerebro se sigue desarrollando de forma activa, y seguirá así hasta los 25 años más o menos.

Los efectos negativos del consumo de esta sustancia en los adolescentes a corto plazo son:

- Alteraciones en la percepción sensorial y cognitiva (aumenta la percepción de los colores y de los sonidos).

- Alteraciones en el estado de ánimo (excitación, sensación de euforia y bienestar, y después relajación y reflexión).

- Incremento del apetito (sobre todo de cosas dulces).
- Dificultad para concentrarse y tomar decisiones.
- Aumento del ritmo cardíaco.
- Sequedad en la boca y en los ojos.
- Ansiedad, pánico o paranoia.
- Alteraciones en el pensamiento y en la memoria.
- Midriasis (dilatación de las pupilas).
- Reducción de la coordinación en general.

Los efectos negativos del consumo en los adolescentes a largo plazo son:

- Síndrome amotivacional (pérdida de energía y motivación para estudiar o trabajar).
- Dificultad para pensar y resolver problemas.
- Problemas de memoria y de aprendizaje.
- Trastornos hormonales (en las chicas afecta al ciclo menstrual y en los chicos disminuye la producción de espermatozoides).
- Dificultad para mantener la atención.

- Problemas en la escuela y en las relaciones sociales.
- Trastornos psicóticos (episodios de esquizofrenia).
- Trastornos de ansiedad y depresión.
- Adicción (drogodependencia).

¿Cómo afecta el consumo de cannabis a la vida de un adolescente?

Los adolescentes que son consumidores habituales pueden padecer los siguientes riesgos:

- **Tener más riesgo de padecer problemas de salud mental.** El consumo se ha vinculado al padecimiento de una variedad de problemas de salud mental como son la ansiedad y la depresión social. Los consumidores de cannabis tienen más posibilidades de padecer psicosis temporal (no saber lo que es real o no, presentar paranoias y alucinaciones). También presentan trastornos mentales de larga duración como la esquizofrenia (enfermedad mental en que la persona que lo sufre podría ver u oír cosas que no son reales). La asociación entre los consumidores de cannabis y la esquizofrenia es más fuerte en aquellas personas que empiezan a consumir a una edad más temprana, y que la consumen con más frecuencia.
- **Alto poder de adicción.** Esta comprobado que 3 de cada 10 personas que lo consumen padecen problemas

de adicción a esta sustancia. El riesgo de padecer esa adicción aumenta con el tiempo de inicio del consumo y la frecuencia.

- **Riesgo al conducir bajo los efectos del cannabis.** Afecta de forma negativa a varias destrezas que se necesitan para conducir con seguridad, como son el tiempo de reacción, la coordinación y la concentración.

- **Problemas respiratorios.** Fumar cannabis puede irritar los pulmones y causar problemas respiratorios similares a los del tabaco.

Cuando el consumo de marihuana comienza en la adolescencia, puede tener efectos permanentes en el cerebro en desarrollo, especialmente si se consume regularmente o en grandes cantidades.

¿Cómo se consume el cannabis?

Las vías de administración son varias. Dependiendo de cuál sea la elegida, dependerá de la cantidad del componente psicoactivo que llegue al SNC. Este componente se denomina tetrahidrocannabinol (THC).

- **Inhalado (fumado).** El consumo de cannabis en forma de cigarrillo (coloquialmente conocido como porro o canuto) es la forma más conocida de consumo. Actualmente, también se puede tomar de esta forma en pipas o cachimbas. Esta forma de consumo hace que el individuo sienta de una forma más rápida sus efectos.

- **Por vía oral.** El cannabis puede ser tomada en forma de infusión (con leche, no con agua, ya que el THC no se disuelve en el agua). También en forma de pastel, *brownie,* tortilla, tarta. Otra forma es dejándolo macerar con alcohol (esta combinación es más peligrosa al juntar dos drogas).

- **Por vía sublingual.** Es la forma más habitual de consumirlo cuando se usa de forma medicinal, para tratar ciertos síntomas de algunas enfermedades crónicas (sobre todo el dolor crónico en algunas enfermedades como algunos cánceres, la esclerosis múltiple, etc.). En junio de 2022, la Comisión de Sanidad y Consumo del Congreso de los Diputados dio luz verde a legalizar su uso de forma medicinal. Hoy todavía no es legal.

- **Vía transdérmica.** Se utiliza para aliviar el dolor de ciertas patologías, mediante pomadas realizadas con un extracto de aceite de cannabis.

¿Qué señales de alerta debemos tener en cuenta para detectar si alguien es adicto?

- Falta de higiene, descuido en el vestir, aspecto sucio y desaliñado que aparece de forma repentina.

- Insomnio, pesadillas, temblores sin causa aparente.

- Pérdida de peso de forma repentina, sin causa aparente.

- Apetito excesivo.

- Tendencia a aislarse en su habitación.

- Abandono de forma total o parcial de sus aficiones o intereses.

- Labilidad emocional, cambios bruscos de humor y disminución de la comunicación, tanto verbal como afectiva.

- Faltar a clase, no prestar atención cuando se está presente, sacar malas notas.

¿Qué se puede hacer para evitar el consumo de cannabis en la adolescencia?

Es importante que los padres y educadores hablen con los adolescentes sobre los riesgos del consumo de todas las drogas, incluyendo esta. Los adolescentes deben ser conscientes de los efectos negativos a corto y largo plazo que pueden repercutir en su salud. Tienen que estar atentos a cualquier señal (ver lista anterior) que pueda indicar que el adolescente está consumiendo alguna droga. En caso necesario se debería buscar ayuda profesional. Hay que intentar tratar estos asuntos con normalidad, que no sean tabú.

Se debe ayudar a los adolescentes a que desarrollen una autoestima positiva. Estar seguros de sí mismos será un factor de protección para que no recurran a las drogas, para que se puedan sentir mejor con ellos mismos.

También es importante trabajar y entrenar ciertas habilidades sociales como la asertividad (habilidad que permite a las personas expresar de manera adecuada, sin hostilidad ni agresividad, sus emociones frente a otra persona), para de esta forma evitar el consumo de drogas por deseo social o por presión del grupo (grupo de amigos o semejantes). Tienen que aprender a saber decir no.

Es importante también saber gestionar el tiempo libre, implicándolos en que realicen actividades de ocio que les guste (deporte, aprender idiomas, tocar un instrumento, etc.).

La cocaína

La cocaína es un polvo blanco que procede de las hojas secas de la planta de la coca, que crece en América del Sur. También es conocida con otros nombres como farlopa, nieve, blanca, tirito, perico, etc.

La cocaína es un estimulante (genera una intensa sensación de poder y energía), aunque luego deja de tener ese efecto y quien la consume se siente deprimido y nervioso, con un fuerte deseo de consumir más droga para volver a sentirse bien.

La cocaína es muy adictiva, incluso una persona se puede volver adicto a ella tan solo probándola una vez.

¿Cómo se puede consumir la cocaína?

Los efectos de esta droga comienzan a aparecer de forma casi inmediata al tomar una dosis, y desaparecen a los minutos u horas. Eso dependerá de la cantidad de droga consumida, de su pureza, del individuo que la consuma y de la vía de administración.

- Puede inhalarse por la nariz, la forma más habitual de consumirla. Los efectos empiezan a notarse a los 5 minutos y suelen desaparecer a los 20.

- También puede fumarse. En este caso se empiezan a sentir los efectos a los 30 segundos y suelen desaparecer a los 20 minutos.

- Cuando se inyecta por vía intravenosa los efectos empiezan a sentirse a los 30 segundos y suelen desaparecer a los 20 minutos.

- Finalmente, también se puede consumir por vía oral. Por esta vía de administración los efectos empiezan a sentirse a los 15-20 minutos y los efectos suelen desaparecer a los 90 minutos.

¿Qué efectos tiene la cocaína en el cuerpo humano?

Los efectos inmediatos incluyen:

- Aumento de la energía y alerta mental.

- Sensación de euforia y bienestar.

- Mayor concentración y habilidad para realizar tareas.

- Mejoría del estado de ánimo.

- Disminución del apetito y del sueño.

- Aumento de la frecuencia cardíaca (el corazón late más rápido).

- Aumento de la frecuencia respiratoria.
- Mayor presión arterial.
- Midriasis (pupilas dilatadas).
- Náuseas y vómitos.
- Dolor de cabeza.
- Mareos y temblores.

Los efectos a largo plazo incluyen:

- Dependencia física y psicológica a la droga (adicción).
- Daños en el sistema cardiovascular, como infartos o arritmias cardíacas.
- Daños cerebrales, como deterioro cognitivo o problemas con el lenguaje.
- Problemas respiratorios crónicos, como asma o neumonía.
- Problemas gastrointestinales, como úlceras estomacales o diarrea crónica.
- Trastornos psiquiátricos, como depresión o ansiedad severas.

Uno de los grandes problemas de la cocaína es que gran parte de la población la percibe como una droga inofensiva, por el largo período de tiempo que pasa desde que se consume hasta que se perciben los daños. Estos problemas a largo plazo suelen centrarse en el SNC, aunque no deben pasarse por alto los más inmediatos (cerebrovasculares y cardiovasculares), que pueden producirse en el momento inmediato al consumo. Puede llegar a provocar la muerte.

¿Cómo se puede prevenir el consumo de cocaína en los adolescentes?

Como ya he explicado en los otros casos de consumo de otra droga (sea legal o no), lo más importante para prevenir o al menos intentarlo es comunicarse e interactuar con ellos. Hay que evitar, eso sí, el tono autoritario. La comunicación ha de ser bidireccional y efectiva; no se debe realizar solo monólogos, demonizando y prohibiendo sin dar explicaciones sobre el consumo de drogas.

Hay que tratar que el adolescente conozca toda la información necesaria, que vea las consecuencias y los problemas que se pueden derivar del consumo de una determinada sustancia, y que entienda que afecta en todos los sentidos (físico, psicológico, emocional y social); que no solo lo implica a él, sino que va a repercutir en todo su entorno, tanto el más cercano (familia, amigos) como el menos cercano (compañeros del colegio/instituto/universidad, compañeros de trabajo).

Tenemos que ser empáticos (ser capaces de comprender y compartir los sentimientos de la otra persona). Es importante también fomentar hábitos de vida saludables, intentar dar ejemplo. Es obvio que será más difícil que nuestro mensaje sea bien recibido por los adolescentes si ven que nosotros mismos consumimos alguna sustancia (sobre todo alcohol y tabaco) delante de ellos.

Debemos hacer lo posible por conocer las amistades de nuestros adolescentes y los ámbitos por donde se mueven, para de esta forma intentar explicarle y enseñarle cómo superar la posible presión social que se va a encontrar cuando empiece a salir con sus amigos o compañeros.

Por último, pero no por ello lo menos importante, es vital que exista la mayor confianza posible entre padres y adolescentes, que puedan contarnos sus problemas, sus inquietudes, sin que tengan miedo a represalias. Está claro que en toda casa existen normas y reglas para la convivencia, y que no cumplirlas o saltárselas puede acarrear consecuencias; pero todos nos equivocamos —yo el primero—, y lo que se tiene que tratar de hacer es aprender de los errores, sacar cosas positivas incluso, para no volverlos a cometer. Se tiene que dar la oportunidad de reconocer que se ha fallado, y no solo penalizarlo sin hablarlo o tratarlo con calma antes.

Otras drogas

En los primeros capítulos hemos visto cuáles son las drogas (tanto legales como ilegales) más consumidas por los adolescentes hoy en día.

Pero, por desgracia, estas no son las únicas sustancias que pueden crear problemas a nuestros adolescentes, sobre todo, lo más peligroso, crearles adicción, ya que entonces las consecuencias pueden ser mucho peores, y salir de la adicción complicado.

Otras drogas que pueden crear adicción en los adolescentes:

- **Drogas de diseño.** Son sustancias que son sintetizadas químicamente (nunca se conocen con exactitud los componentes que puede llevar mezclados) que se consumen principalmente en zonas y momentos con carácter recreativo, con la intención de que tras su consumo se crea una mayor receptividad (capacidad de una persona para recibir estímulos exteriores) a todos los niveles. La más conocida de estas sustancias es el éxtasis. Los efectos que crea esta sustancia en el adolescente son que lo estimula, le facilita la comunicación y le altera en cierto grado su percepción de la realidad.

En su cuerpo actúa aumentando la frecuencia cardíaca (puede provocar arritmias), subiendo la tensión arterial y la temperatura corporal. También provoca sequedad de la boca, sudoración, contracción de la mandíbula, temblores, deshidratación, sobreestimulación.

En cuanto a las repercusiones en la mente, al principio crea un estado de ansiedad, irritabilidad, sensación de euforia, emotividad desinhibida y mayor facilidad para relacionarse con los demás. Después de unas horas, la euforia inicial da paso a una sensación de agotamiento, de tristeza, de ansiedad, que puede derivar también en agresividad.

- **Heroína**. Es un opiáceo semisintético que se obtiene de tratar morfina (potente droga opiácea usada frecuentemente en medicina como analgésico) con otras sustancias químicas. Se puede consumir fumando o inhalando, o inyectada. Al principio el consumidor puede presentar sensación de mareo y vómitos; posteriormente el consumidor percibe una sensación intensa de placer, cierto grado de euforia, sensación de alivio de cualquier malestar.

  En el cuerpo del consumidor provoca las siguientes sensaciones: sequedad en la boca, depresión del sistema respiratorio, miosis (disminución del tamaño o contracción de la pupila), pérdida del apetito, estreñimiento, frecuencia cardíaca enlentecida, bajada de temperatura corporal y bajada de la tensión arterial. El uso continuado de esta sustancia provoca alteraciones de la personalidad, trastornos de la memoria, ansiedad, depresión y sobre todo una dependencia importante que puede generar muchas alteraciones a todos los niveles de nuestro cuerpo (alteraciones cardíacas, respiratorias, gastrointestinales, renales, hepáticos...), dependiendo de la cantidad consumida y del modo de administración.

- **Fármacos.** El uso de determinados fármacos como sustancia de consumo para otros fines de los indicados también puede crear una adicción importante entre los adolescentes. Los barbitúricos son medicamentos que se usan para tratar el insomnio, algunas formas de epilepsia, ciertos tipos de convulsiones, etc. según la dosis consumida puede pasar de la sensación de tranquilidad que ayuda a conciliar el sueño (con dosis bajas se obtiene ese efecto). También pueden generar un estado eufórico (conocido como "borrachera barbitúrica"), con subida del optimismo, pero también con trastornos del habla o del equilibrio (esto sucede con dosis más elevadas y normalmente mezcladas con alcohol u otras sustancias). Cuando las dosis son bastante altas se produce un estado de adormecimiento, disminución de los reflejos e incluso estados cercanos al coma. Tienen un gran poder de adicción. Cabe destacar que la diferencia entre una dosis terapéutica y una dosis tóxica en estos fármacos es muy pequeña, y es más peligroso cuando se mezclan con otras sustancias como el alcohol. Una sobredosis es una urgencia vital y puede causar la muerte en poco tiempo si no es atendida rápidamente.

Las adicciones comportamentales o conductuales

Hasta aquí hemos podido analizar cuáles son las principales adicciones en las que puede caer un adolescente cuando consume alguna sustancia (droga), sea legal o ilegal. Pero, como expliqué al inicio, hay adicciones de otro tipo, las orientadas a actitudes, comportamientos, relaciones con otras personas u objetos. Estas adicciones se conocen como comportamentales o conductuales.

Hasta hace unas décadas se asumía que toda adicción requería del consumo de algún tipo de sustancia. Así, aquel comportamiento perjudicial que una persona no podía dejar de repetir se consideraba un problema de control de impulsos.

Sin embargo, hoy ya sabemos que hechos como la adicción al móvil o a la pornografía no se basan solo en aquello de "no puedo controlarme". El mecanismo cerebral de la adicción no necesita del consumo de sustancias externas, como cannabis, anfetaminas, cocaína, cafeína, nicotina y alcohol; existen hábitos de conducta, en apariencia inofensivos e intrascendentes, que pueden convertirse en adictivos. La razón está en los cambios cerebrales que generan esos comportamientos.

Si nos preguntamos por qué aparecen, la respuesta está en la emoción que pueden generar: positiva, reconfortante, placentera y siempre obsesiva. La persona afectada no siempre es consciente de esa adicción porque, por lo general, son comportamientos inofensivos (como jugar a los videojuegos).

Esas conductas adictivas se activan por un mecanismo de refuerzo positivo, como es el placer experimentado o la euforia. Pero, a medida que la conducta se vuelve obsesiva, aparece el malestar y el síndrome de abstinencia cuando no se está desempeñando la acción.

Ahora explicaré cuáles son las principales que pueden afectar a nuestros adolescentes.

El trastorno de la conducta alimentaria

Los trastornos de la conducta alimentaria (en adelante TCA) son enfermedades mentales graves que se relacionan con una conducta alterada respecto a los hábitos alimentarios. Se trata de comportamientos que van desde comer de manera descontrolada y compulsiva hasta la falta de ingesta de comida.

Los principales afectados son adolescentes y mujeres jóvenes. Los trastornos más frecuentes son la anorexia y la bulimia nerviosa, el trastorno por atracones y el trastorno evitativo o restrictivo de la ingesta alimentaria.

Los TCA afectan a millones de personas en el mundo. En su desarrollo están implicados factores biológicos, psicológicos y socioculturales. Pueden afectar a personas de cualquier edad, sexo, raza o nivel socioeconómico, aunque lo más frecuente es que comiencen en la adolescencia o adultez joven y que afecten en mayor medida a mujeres que a hombres.

Todos los subtipos de TCA se caracterizan por una conducta alterada frente a la ingesta alimentaria o la aparición de conductas para controlar el peso.

Con frecuencia los síntomas de TCA varían a lo largo del tiempo. Muchas personas, que inicialmente, presentan cuadros más restrictivos, pueden acabar desarrollando atracones, o a la inversa. Los TCA están asociados a múltiples complicaciones médicas y psicológicas, y afectan al funcionamiento psicosocial de la persona.

Los tipos de TCA:

- **Anorexia nerviosa.** Se caracteriza por una restricción y reducción de la ingesta nutricional, lo que conduce a una pérdida significativa del peso. La persona presenta un intenso miedo a ganar peso. Durante todo este tiempo el paciente tiene gran dificultad para reconocer la gravedad de su bajo peso o es incapaz de ver su estado físico real y la pérdida de peso, a la vez que da un excesivo valor a su peso corporal e imagen física. Existen dos tipos de anorexia nerviosa:

  - **Restrictiva.** La pérdida de peso se debe, sobre todo, a la dieta, el ayuno o el ejercicio excesivo.

  - **Atracones/purgas.** La persona tiene episodios recurrentes de atracones o purgas (vómito autoprovocado o utilización incorrecta de laxantes, diuréticos o enemas).

- **Bulimia nerviosa.** Se caracteriza por la existencia de episodios recurrentes de atracones. Se considera como atracón la ingesta de una cantidad de comida claramente superior a la que la mayoría de la gente puede tomar en un periodo determinado de tiempo (de aproximadamente dos horas), acompañada de la sensación de pérdida de control durante este episodio. La persona trata de compensar de forma repetida lo ingerido para evitar el aumento de peso mediante el vómito autoprovocado, el ejercicio excesivo, el ayuno o el uso de laxantes, diuréticos u otros medicamentos. La persona con bulimia nerviosa siente una gran preocupación por su peso y su imagen corporal.

- **Trastorno por atracones.** Se caracteriza por episodios recurrentes de atracones. Estos se pueden asociar a comer mucho más rápido de lo normal, seguir comiendo a pesar de sentirse lleno, comer una gran cantidad de comida (a pesar de no tener sensación de hambre) y sentirse disgustado con uno mismo, deprimido o con sensación de gran culpabilidad tras el episodio. Los atracones producen un intenso malestar en la persona.

- **Trastorno evitativo/restrictivo de la ingesta alimentaria.** Se caracteriza por una falta de interés en la comida, por la evitación a causa de alguna de las propiedades sensoriales de la comida o por una preocupación acerca de las consecuencias repulsivas de la acción de comer o un miedo al atragantamiento. El individuo manifiesta una incapacidad persistente para satisfacer las necesidades nutricionales. La evitación/restricción de la ingesta conlleva una pérdida significativa de peso o el no cumplir con el crecimiento esperado, deficiencias nutricionales significativas, dependencia de los suplementos nutricionales e interferencia importante en el funcionamiento psicosocial. En este trastorno no está afectada la autopercepción y no hay una distorsión de la imagen corporal.

¿Qué factores de riesgo hay para desarrollar una TCA?

Factores individuales:

- **Predisposición genética.** El riesgo de padecer un TCA es mayor si se compara con el resto de la población general si existe el antecedente de un familiar con un TCA. Sin embargo, a pesar de que existe una vulnerabilidad genética para el desarrollo de un TCA, no es un factor determinante, ya que es una enfermedad multicausal. Este factor combinado con otros de tipo ambiental y social, puede aumentar la probabilidad de padecer este problema.

  - **Rasgos psicológicos.** Ciertos rasgos de personalidad, como un excesivo perfeccionismo, un alto grado de autoexigencia, el ser muy estricto con uno mismo y normativo, la necesidad de controlar todo y ser poco flexible, están muy relacionados con la aparición de un TCA.

  - **Baja autoestima.** Tener una baja autoestima, además de unos rasgos de personalidad con tendencia a la introversión y la inseguridad hacia uno mismo, incrementan la probabilidad de desarrollar TCA. En las personas con riesgo de tener TCA, la autoestima está muy vinculada a la imagen corporal. Si la imagen corporal no es la deseada, se suele presentar una autoestima baja.

- **Adolescencia.** La adolescencia es la etapa vital en la que existe un mayor riesgo de desarrollar un TCA. El diagnóstico de TCA puede darse en cualquier edad, pero en la mayoría de los casos la enfermedad aparece durante la adolescencia.

- **Sexo femenino.** De cada 10 casos de TCA, 9 son mujeres y 1 es un hombre (aunque actualmente estas cifras están cambiando y cada vez hay más chicos), por lo que ser mujer implica mayor riesgo de padecer un TCA.

- **Obesidad.** Se ha considerado la obesidad en la infancia y la adolescencia como un factor de riesgo para desarrollar un TCA.

Factores familiares:

- **Ambiente familiar desestructurado o sobreprotector.** Las familias en las que no existe una estructura estable y segura, o por el contrario, aquellas en las que la comunicación y la dinámica familiar es excesivamente rígida, controladora y exigente, pueden influir en el desarrollo de un TCA, sobre todo en personas con mayor vulnerabilidad individual.

- **Educación familiar.** Aquellas familias en las que no se potencia la asertividad y la autoestima favorecen la aparición de dificultades personales que pueden conducir a un TCA. Así mismo, las familias que dan mucha importancia a la delgadez y al aspecto físico como medio para obtener éxito social se convierten en transmisoras de estos valores, que inducen a buscar el ideal de belleza y delgadez.

Factores sociales:

- **Modelo de belleza dominante en nuestra sociedad.** Nuestra cultura promueve estereotipos y valores en los que se premia el aspecto físico por encima de otros valores.

- **Presión social respecto a la imagen.** El ideal estético de belleza es difícil de conseguir para la mayoría de las chicas y mujeres. Los medios de comunicación favorecen esta presión social asociando de manera reiterada la delgadez con el éxito personal y el rechazo y marginación de quien no cumple este canon de belleza.

- **Determinados deportes o profesiones.** Algunos deportes de competición, en los que la imagen física es indispensable para conseguir triunfar, pueden favorecer la aparición de TCA. También son grupo de riesgo todas aquellas personas relacionadas con el mundo de la moda, espectáculo o televisión/cine, ya que en estas profesiones a menudo se ejerce cierta presión en cuanto a tener una determinada imagen.

- **Experiencias anteriores.** Las personas, especialmente en el caso de niños y adolescentes, que han recibido críticas y burlas relacionadas con su apariencia física y que debido a esto se han sentido inseguras con su imagen, pueden presentar mayor tendencia a desarrollar un TCA posteriormente.

- **Situaciones vitales que generen estrés.** De la misma manera que para otros trastornos psiquiátricos, problemas de la vida asociados a un incremento del estrés pueden ser factores de riesgo para desarrollar un TCA.

¿Qué signos podemos detectar en las personas que sufren algún TCA?

Signos conductuales:

1. Presentar conductas y actitudes que indican que la pérdida de peso y el control de la alimentación se están convirtiendo en la mayor preocupación de la persona.

2. Saltarse comidas con todo tipo de pretextos. No acabarse la comida o tirarla.

3. Esconder o guardar comida.

4. Ir al lavabo inmediatamente después de la comidas. Intentar ocultar vómitos o justificarlos.

5. Formular quejas sobre estreñimiento para justificar el uso de laxantes, diuréticos o pastillas para adelgazar.

6. Mostrar un interés repentino en cocinar y recetas. Preparar platos elaborados, pero no probarlos.

7. Informarse sobre la composición de los alimentos y su valor energético (contar calorías).

8. Alterar los hábitos alimentarios, aumentando la ingesta de verduras y frutas y reduciendo o eliminando la ingesta de hidratos de carbono, proteínas y grasas.

9. Presentar manías con la comida como cortarla o partirla en trozos muy pequeños, removerla en el plato, masticar mucho, cambios en la velocidad de la ingesta, etc.

10. Disfrutar cuando otros comen.

11. Masticar chicle continuamente o aumentar el consumo de bebidas dietéticas, café o té, normalmente con el objetivo de disimular el sentimiento de hambre.

12. Hacer desaparecer grandes cantidades de comida, frecuentemente de alimentos *prohibidos* por ser hipercalóricos.

13. Aumentar la cantidad de ejercicio, que generalmente se realiza en solitario y de forma compulsiva. Aprovechar cualquier ocasión para ir caminando o evitar coger ascensores.

14. Tolerar mal los cambios en las rutinas diarias, vivirlos con estrés y ansiedad.

15. Ocultar el cuerpo con ropa ancha para disimular su forma o una posible pérdida de peso.

16. Mostrar una inquietud continua. No poder estarse quieta o sentada.

17. Que se produzca una alteración del rendimiento académico o laboral.

Signos emocionales y cambios en las relaciones con las demás personas:

1. Sentir un miedo intenso a la ganancia de peso.

2. Tener una insatisfacción importante con el propio cuerpo, la figura y el peso.

3. Distorsionar la imagen corporal (no percibir de forma realista el propio cuerpo).

4. Los únicos intereses son la comida, el ejercicio y el peso.

5. Tener una baja autoestima y elevada autocrítica.

6. Tener un bajo estado de ánimo o cambios frecuentes y bruscos, irritabilidad o ansiedad.

7. No mostrar, en apariencia, sentimientos. No expresar emociones como enfado, alegría, tristeza, placer o ansiedad.

8. No disfrutar con los *hobbies* y abandonarlos, ni de otras actividades que antes resultaban placenteras.

9. Mostrar desinterés por la relación con los demás.

10. Distanciarse de las amistades y aislarse en el hogar.

11. Que se produzca un empeoramiento en las relaciones familiares y de la convivencia.

¿Se pueden curar los TCA?

Sí, pero generalmente es necesario un tratamiento intensivo en un centro especializado. Es importante saber que la recuperación suele ser lenta y que en la mayoría de los casos puede llevar varios años. El diagnóstico precoz y la intervención temprana son clave, y están asociadas a un mejor pronóstico.

- **Anorexia nerviosa.** Es un trastorno grave asociado a un mayor riesgo de mortalidad que otros trastornos psiquiátricos. La mortalidad, en la mayor parte de los casos, se debe a causas directas de la desnutrición. Se estima que en torno a un 5 % de las pacientes fallecen por complicaciones de la enfermedad y que 1 de cada 5 pacientes lo hace por suicidio. Estudios a largo plazo señalan que entre un 50 %-85 % de las pacientes con anorexia nerviosa se recuperan completamente. El pronóstico es mejor en los casos de anorexia nerviosa de inicio en la adolescencia que si el inicio es en la edad adulta. En un porcentaje importante de los casos, los síntomas pueden cambiar a lo largo del tiempo. Según un estudio, casi la mitad de las personas con anorexia nerviosa pueden acabar desarrollando síntomas bulímicos. Una persona puede recuperarse de un TCA y recaer más adelante con un trastorno diferente.

- **Bulimia nerviosa.** El riesgo de mortalidad no es tan elevado como en la anorexia y el porcentaje de pacientes que fallecen por suicidio es mayor. Estudios a largo plazo (20 años) indican que un 75 % se recupera completamente.

- **Trastorno por atracones.** Los estudios de seguimiento a largo plazo en los trastornos por atracones son escasos, pero los realizados a 2 y 4 años han encontrado unas tasas de recuperación que oscilan entre un 52-76,7 %. No hay datos sobre la mortalidad asociada a este trastorno.

- **Trastorno evitativo/restrictivo de la ingesta de alimentos.** Al tratarse de un trastorno nuevo, hay muy pocos estudios. Un estudio no observó diferencias con la anorexia nerviosa en cuanto al pronóstico al año, pero otro estudio reciente sí que observó un mejor pronóstico en este trastorno comparado con la anorexia nerviosa.

¿Qué complicaciones se pueden derivar de los TCA?

- **Cardiovasculares.** Las más frecuentes son la aparición de una frecuencia cardíaca baja y de hipotensión. Otras alteraciones cardiovasculares menos frecuentes pueden asociarse a alteraciones del ritmo cardíaco y muerte súbita. La presencia de mareos o desmayos nos debería alertar de una posible complicación grave. Las conductas compensatorias como los vómitos y la toma de laxantes pueden asociarse a una bajada de potasio, que puede generar una alteración en el ritmo cardíaco y la muerte súbita. Otros electrolitos como el cloro y el sodio pueden verse afectados por las conductas compensatorias o la ingesta excesiva de agua.

- **Endocrinológicas.** Se incluye la ausencia de la menstruación, infertilidad, osteoporosis, detención del crecimiento e intolerancia al frío. La osteoporosis puede no ser reversible con la recuperación. En la analítica se pueden detectar alteraciones en las hormonas tiroideas, hipercolesterolemia y disminución de la glucosa en los casos más graves. El trastorno por atracones se ha asociado al sobrepeso y la obesidad, lo que puede implicar un incremento del riesgo del síndrome metabólico.

- **Gastrointestinales.** El estreñimiento y el retraso en el vaciado gástrico son muy frecuentes. El retraso en el vaciado gástrico se asocia a dolor abdominal, sensación de hinchazón y saciedad temprana tras las ingesta, incluso de cantidades muy pequeñas de comida. Otras alteraciones gastrointestinales raras, pero más graves, incluyen la dilatación aguda gástrica, que se presenta con náuseas y vómitos, y dolor abdominal intenso o pancreatitis. Los atracones podrían complicarse con una ruptura del estómago y los vómitos autoprovocados podrían causar una ruptura del esófago, ambas complicaciones muy graves. Los vómitos también pueden afectar a la dentadura e inflamar las glándulas salivares.

- **Neuropsiquiátricas.** Pueden presentar problemas de concentración, irritabilidad, cambios del estado de ánimo, sintomatología depresiva o síntomas obsesivos. En algunos casos pueden aparecer autolesiones o ideación suicida.

- **Hematológicas.** La desnutrición se puede asociar a la aparición de anemia, la disminución de los glóbulos blancos responsables de la inmunidad y la disminución de las plaquetas.

- **Dermatológicas.** La caída de cabello es muy frecuente en la desnutrición. En casos graves puede aparecer un pelo fino por todo el cuerpo o acné, entre otras.

- **Psicosociales.** Los TCA pueden tener un importante impacto negativo en la calidad de vida de quien los tiene y de su entorno más próximo, generalmente los familiares con los que se convive. La autoimagen, las relaciones, el rendimiento académico o el laboral suelen verse perjudicados. Muchas veces es difícil decir si estos problemas son secundarios al TCA o si han contribuido a su desarrollo, pero en general todos suelen interaccionar y agravarse con la evolución del trastorno.

¿Qué tratamiento hay para los TCA?

El tratamiento exige la colaboración multidisciplinar (psicólogos, psiquiatras, medicina interna y otros especialistas, según se vayan presentando las posibles complicaciones que he expuesto anteriormente), y puede realizarse en diferentes niveles de atención (tratamiento ambulatorio o hospitalario, según la situación y evolución del trastorno).

El uso de la medicación en los TCA no se recomienda como tratamiento único ni como la primera elección, sino que se ha de realizar en el contexto de un tratamiento integral.

Existen unos objetivos generales para el tratamiento:

- Normalizar el peso y restaurar un estado nutricional mínimo compatible con la salud física y mental.
- Tratar las complicaciones físicas derivadas de la desnutrición.
- Corregir cualquier conducta alimentaria inadecuada.
- Disminuir y suprimir los pensamientos asociados al TCA como el miedo a aumentar el peso necesario y a los alimentos.

- Corregir las alteraciones de la imagen corporal.

- Normalizar las relaciones familiares y solucionar los conflictos directa o indirectamente relacionados con el trastorno.

- Tratar las alteraciones del estado de ánimo y otros trastornos asociados.

- Mejorar la autoestima y la adaptación social en general.

- Solucionar u orientar cualquier otro problema personal o psicosocial.

También hay unos objetivos específicos del tratamiento psicológico:

- Fomentar la conciencia de enfermedad y la motivación por el tratamiento.

- Disminuir/eliminar la ansiedad ante la ganancia de peso y la comida.

- Normalizar las ingestas y de los hábitos alimentarios.

- Disminuir/suprimir la actividad física compulsiva.

- Cambiar las creencias irracionales, las distorsiones cognitivas y los pensamientos automáticos negativos en relación con la alimentación, el peso, etc.

- Disminuir las alteraciones de la imagen corporal.
- Aumentar la autoestima.
- Mejorar las habilidades y relaciones sociales.
- Eliminar conductas compensatorias/purgativas.
- Quitar otras conductas patológicas como las autolesivas, la ideación autolítica, etc.
- Abordar otros problemas personales o psicopatología asociada.
- Prevenir las recaídas.

Los objetivos específicos de la intervención con la familia son estos:

- Ofrecer información sobre la enfermedad.
- Proporcionar pautas alimentarias y ayudar para implementarlas.
- Disminuir el desajuste o desgaste que la enfermedad produce en la dinámica familiar.
- Favorecer el apoyo familiar.
- Fomentar la coherencia entre la postura de los padres y del terapeuta.

- Dar apoyo emocional a los padres en los diferentes momentos del proceso terapéutico.

- Desculpabilizar a los padres.

¿Cómo debemos convivir con una persona afectada de algún TCA?

Aquí van algunos consejos para la familia y los allegados:

- Escuchar con atención y paciencia a la persona e intentar ponerse en su lugar sin juzgarla.

- Mostrar la preocupación por su salud, tanto física como mental, y preguntarle cómo se siente y qué se puede hacer para ayudarle.

- Cuando la persona comparte sus sentimientos y sufrimiento, mostrar comprensión.

- Evitar discusiones sobre comida, salud y aspecto físico/peso.

- Seguir las pautas que dan los terapeutas respecto a cómo debe ser la alimentación y no negociarlo.

- Crear un ambiente agradable durante y después de las comidas. Buscar distracciones para aliviar la ansiedad que genera comer o sentirse lleno.

- Tener paciencia, porque la recuperación es lenta, y no exigir más de lo pactado con el terapeuta.

- Animarle a que se implique en el tratamiento y reforzar los pequeños progresos.

- Evitar dar consejos simplistas, aunque sea con buena intención, porque puede hacer que la persona se sienta incomprendida.

- Planificar actividades conjuntas y no desistir en ello, a pesar de que la persona quiera aislarse y no participar.

- Tener presente que es habitual que el entorno familiar sea el blanco de las reacciones negativas, no hay que tomárselo como algo personal. En el momento que el paciente esté más recuperado, agradecerá que hayan permanecido a su lado.

- Tomarse tiempos de respiro y cuidarse, porque se necesitan energía y fuerzas para poder ofrecer apoyo al paciente.

La adicción a las nuevas tecnologías. La adicción a internet

Vivir en una sociedad dominada por la tecnología tiene muchas ventajas: gracias a ella hemos logrado eliminar barreras comunicativas, acortar tiempos de espera, facilitar trámites de nuestro día a día, recuperar espacios casi perdidos a través del teletrabajo, mantenernos informados al instante casi de todo lo que ocurre... Son, sin lugar a duda, grandes logros que nos facilitan la vida.

Sin embargo, no todo es positivo. Las nuevas tecnologías, o mejor dicho, el uso que algunas personas y empresas hacen de ellas, han provocado situaciones de las que nos tenemos que preocupar: pérdida de privacidad, aumento de la percepción de inseguridad y agresividad a nuestro alrededor, y sobre todo, una enorme dependencia e incluso adicción al móvil y redes sociales en las personas más jóvenes. La dependencia a las nuevas tecnologías puede provocar un deterioro de las relaciones personales y alterar el curso normal de la vida.

Se habla de adicción a internet cuando una persona no puede llevar una vida satisfactoria debido al uso excesivo y no controlado de internet, ya sea a juegos *online,* redes sociales, compras, ver vídeos de toda índole o navegar.

¿Quieres saber si estás enganchado a internet?

- ¿Piensas continuamente en internet?
- ¿Necesitas estar cada vez más tiempo conectado?
- ¿Has intentado reducir el tiempo de conexión pero no lo consigues?
- ¿Te pones de mal humor cuando no puedes conectarte?
- ¿Tienes algún problema en casa, con tus amigos o en el instituto, por culpa de internet?
- ¿A pesar de estos problemas, continúas conectándote?

Si has contestado que sí a alguna de estas preguntas, es probable que tengas un problema de adicción a internet.

Al igual que en otras adicciones que ya he explicado anteriormente, cuando una persona padece esta adicción puede presentar los siguientes comportamientos:

- Irritabilidad y malestar cuando no pueden acceder a internet, estado que se conoce como abstinencia.
- Necesidad de ir aumentando el tiempo de conexión para sentirse satisfecho, proceso que se conoce como tolerancia.

- Dificultades para mantener las actividades habituales, como relaciones familiares, rendimiento académico y actividades lúdicas con amigos o deportes.

Hay informes de estudios realizados en España en los últimos años que hablan de que casi un 20 % de los adolescentes españoles presentan algún signo o síntoma que indica que son adictos a internet.

Los adolescentes cada vez acceden a más temprana edad a las nuevas tecnologías. A partir de los 10 años ya muchos niños se declaran inseparables de un móvil. El 75 % de los niños de 12 años ya tienen un móvil propio, y más del 97 % cuando ya tienen 14 años.

Los tipos de adicción a internet son estos:

- **Adicción a videojuegos.** Uso excesivo de videojuegos y juegos de ordenador. Juegos como el *World of Warcraft, League of Legends, Fornite, Minecraft, Pokemon Go, Mario Kart* o *Candy Crush* son los que últimamente resultan más adictivos para adolescentes.

- **Adicción a las redes sociales.** Uso excesivo de redes sociales como Facebook, Twitter o Instagram. Las personas con este problema revisan su *muro,* publican actualizaciones, comentan fotos o leen actualizaciones de otros de forma constante. Las interacciones sociales a través de internet pueden volverse más comunes e importantes que las relaciones en persona.

- **Adicción a los juegos de apuestas.** A diferencia de los videojuegos, la motivación principal de las personas con adicción a los juegos de apuestas es ganar dinero.

- **Adicción al entretenimiento en línea.** Se define por las consultas excesivas a páginas web o la visualización de vídeos en línea (YouTube). A menudo se puede ver como una manera de ocupar el tiempo libre o de retrasar obligaciones.

- **Adicción a la pornografía o al cibersexo.** Implica visualización compulsiva y recopilación de pornografía en línea o uso excesivo de chat o servicios de vídeo para adultos.

¿Cuáles son las causas que llevan a ser adicto a internet?

No existe una única causa que explique la adicción a las nuevas tecnologías, este trastorno está relacionado con una combinación de varios factores:

- **Factores neurológicos.** Los estudios de investigación sugieren que las personas con adicción a internet tienen cambios en el cerebro parecidos a los de personas con adicción a las drogas. Se ha visto que existen alteraciones en el área del cerebro relacionada con la atención, la planificación y la priorización (área prefrontal). Estos cambios explican por qué las personas con adicciones anteponen el uso de internet o el consumo de drogas a aspectos básicos del día a día, como comer o dormir.

- **Factores biológicos.** Los estudios de investigación sugieren que las personas con problemas de adicción tienen un desequilibrio en las sustancias químicas que utiliza el cerebro para comunicarse (neurotransmisores). Se ha visto que los niveles de los neurotransmisores dopamina y serotonina son más bajos que en la población general. Esta deficiencia podría explicar por qué las personas con problemas de adicción consumen drogas, ya que algunas de ellas aumentan los niveles de dopamina y serotonina en el cerebro.

- **Factores individuales.** Las personas tímidas y con problemas para relacionarse tienen más riesgo de tener adicción a las nuevas tecnologías, ya que el uso de internet/redes sociales permite comunicarse sin tener que interaccionar cara a cara.

- **Factores relacionados con internet.** El tipo de recompensa que ofrece internet, inmediata e impredecible, hace que sea más fácil ser adicto a esta actividad que a otras que ofrecen recompensas fijas y a largo plazo. Por ejemplo, al conectarse al perfil de Instagram, una persona puede descubrir que uno de sus amigos se ha ido de viaje o que la persona que le gusta acaba de publicar algo. Cada inicio de sesión ofrece información impredecible y potencialmente positiva que hace que la persona tenga ganas de volverlo a consultar.

La adicción a internet afecta con más frecuencia a:

- Hombres.
- Adolescentes.
- Personas con dificultades para relacionarse socialmente.
- Personas con adicciones a drogas.
- Personas con trastornos psiquiátricos como ansiedad, depresión o hiperactividad.

¿Qué síntomas pueden presentar las personas adictas a internet?

Las personas adictas a internet pueden presentar síntomas fisiológicos como:

- Dolor de cabeza, cuello o espalda.
- Ojos secos u otros problemas de visión.
- Síndrome del túnel carpiano (alteración de la sensibilidad o del movimiento de una parte de la mano debido a la compresión del nervio mediano).
- Insomnio.
- Cambio de peso por la pérdida de hábitos alimentarios o el abandono de la actividad física.

- Falta de higiene personal (por ejemplo, no bañarse para seguir conectado).

También pueden presentar síntomas emocionales:

- Pensamientos continuos acerca de la actividad que se realiza en internet.
- Euforia al usar el ordenador.
- Ansiedad y tensión cuando no se puede utilizar internet.
- Sentimientos de culpa por el hecho de haber estado conectado más tiempo de lo deseado o no haber podido hacer una actividad que tenía prevista.
- Aislamiento.

¿Cómo podemos saber si alguien es adicto a internet?

Las siguientes señales nos pueden servir como alerta para detectar que alguien es adicto a las nuevas tecnologías:

- Empeoramiento del rendimiento académico.
- Presentar problemas de sueño.
- Abandono de actividades de ocio, por ejemplo, abandonar algún deporte que practicaba o salir con los amigos.

- Empeoramiento de las relaciones familiares.
- Enfado exagerado cuando hay problemas de conexión.

Según la OMS, no poder parar de jugar en internet o con una consola, desatender a las amistades o el trabajo/estudio a causa de ello, en periodos superiores a un año, pueden ser síntomas de adicción. La lista actualizada de enfermedades de la OMS que por primera vez incluye la adicción a los videojuegos en su apartado de desórdenes mentales entró en vigor el 11/02/2022.

¿Qué tratamiento hay para las personas adictas a internet?

En la actualidad, el tratamiento que se realiza para controlar la adicción a internet es el psicológico, que tiene como objetivo identificar los factores que desencadenan la conducta adictiva y actuar sobre ellos a través de una mejora en las capacidades de la persona (control de impulsos, manejo de emociones, estrategias para afrontar el estrés...).

Los resultados de la terapia son más positivos si:

- La persona con problemas de adicción a internet está motivada y comprometida con el tratamiento.
- Las personas cercanas (familiares, pareja, amigos...) participan en la terapia.

- Existe una colaboración entre los diferentes profesionales involucrados.
- Se trabaja el plan de seguimiento y de prevención de recaídas.
- A veces, puede ser necesario utilizar fármacos para controlar los síntomas físicos o emocionales acompañantes, como la ansiedad o el insomnio.

Es importante tratar la adicción a internet de forma correcta, ya que la persona aumenta el riesgo de presentar:

- Adicción al alcohol y a otras drogas. Las personas con adicción a internet tienen tres veces más riesgo que la población general de tener adicciones a otras sustancias.
- Dificultad con el mantenimiento de hábitos de vida saludables, insomnio, inversión de los ciclos de vigilia-sueño, sedentarismo y obesidad.
- Autolesiones y comportamiento suicida. Estas conductas pueden verse favorecidas por la información disponible en internet sobre cómo autolesionarse.
- Trastornos psiquiátricos como depresión, ansiedad o trastorno por déficit de atención e hiperactividad. Los estudios indican que hasta una de cada cuatro personas con adicción a internet tienen algún trastorno psiquiátrico.

¿Qué podemos hacer para tratar de prevenir la adicción a internet?

Los padres y los profesores tienen un papel fundamental en este asunto. Pueden ayudar a los adolescentes de la siguiente forma:

- Pactar las horas de uso del ordenador, consolas, móvil.
- Colocar el ordenador en una sala común de la casa, por ejemplo, en el comedor.
- Fomentar las actividades sociales de los adolescentes.
- Potenciar aficiones como los deportes, la lectura, el cine, etc.
- Favorecer la comunicación y el diálogo en la familia.

¿Qué recomendaciones nos pueden ayudar para prevenir esta adicción a las nuevas tecnologías?

- Acordar un horario limitado de uso del ordenador, móvil, *tablet,* consola. Que sea en un lugar común de la casa, respetando en todo momento las horas de sueño, las comidas y las horas de estudio.
- Pactar con los adolescentes las normas de uso, explicar los motivos y escuchar sus peticiones, y aplicar con

respeto y de forma justa las consecuencias pactadas si se incumplen las normas.

- Seguridad en la red. Conocer qué páginas o juegos utilizan, con quién interactúan para proteger su intimidad, utilizar programas de control parenteral, que los videojuegos se correspondan con la edad del adolescente...

- Favorecer la comunicación. Escucharlos, tratar de entenderlos, buscar momentos para dialogar sobre cualquier tema que incluyan también compartir actividades a través de internet y videojuegos.

- Encontrar el equilibrio entre potenciar aspectos positivos de internet y los videojuegos (ocio, socialización, desarrollo cognitivo, aprendizaje...) y marcar límites para evitar problemas (sobreexposición, ciberacoso escolar, adicción...).

- Enseñarles habilidades emocionales y sociales. Tolerar la frustración y el aburrimiento, controlar la impulsividad, gestionar la ira y la ansiedad, organizarse, sentirse bien consigo mismo, comprender a los otros.

- Proponer alternativas de ocio saludable, tanto individuales como con amigos o en familia (actividades físicas al aire libre, manualidades, dibujo, cine, música, baile, lectura de novelas, revistas, cómics...).

- Reforzar y valorar todos los aprendizajes y cambios positivos, por pequeños que sean (que colaboren en tareas domésticas, que sean creativos, que tengan valores positivos como el respeto o el esfuerzo...).

- Y, por último, pero no por ello menos importante, dar un buen ejemplo, hacer también un uso responsable de las tecnologías, tanto para el trabajo como para el ocio.

Autolesionarse

Las autolesiones son aquellas conductas dirigidas de forma intencionada a hacerse daño sobre la superficie corporal sin que haya una intención suicida. Se consideran problemáticas cuando se convierten en conductas repetitivas, con cinco o más episodios al día.

Las autolesiones se definen como agresiones que una persona se hace a sí misma a propósito.

A menudo, se utilizan diferentes métodos para autolesionarse.

Las formas más frecuentes de autolesión son:

- Cortarse
- Morderse
- Pellizcarse
- Arañarse
- Quemarse
- Pegarse
- Darse golpes en la cabeza
- Clavarse cosas
- Tragarse cosas

Las autolesiones pueden ayudar a controlar sentimientos negativos; por este motivo, a veces se convierten en una solución rápida para dejar de sentirse mal. El problema es que la sensación de alivio es temporal, y cuando los sentimientos desagradables reaparecen, la persona vuelve a autolesionarse. De esta forma, se establece un ciclo que es difícil romper sin ayuda de un profesional.

Hasta un 30 % de los adolescentes se han autolesionado alguna vez en su vida (en uno de cada 10, de forma recurrente durante el último año). Las autolesiones son más frecuentes en la adolescencia, pero pueden ocurrir en cualquier momento de la vida.

¿Qué causas pueden provocar que un adolescente se autolesione?

No hay una causa específica. Las razones por las cuales se autolesionan pueden ser:

- Comunicar a otras personas que uno se siente mal.
- Aliviar sentimientos negativos de ansiedad, ira o frustración.
- Servir de llamada de atención a alguien.
- Buscar una sensación de placer.
- Imitar al grupo social al que pertenecen.
- Servir de juego exploratorio.
- Simular conductas suicidas.

- Otros trastornos mentales. En determinados contextos como los trastornos alimentarios, los trastornos obsesivos compulsivos, los delirios de infestación (invasión del organismo por parásitos macroscópicos como los piojos), o creer, de forma infundada, que se tiene alguna enfermedad grave (hipocondriasis), etc.

Las autolesiones se producen con mayor frecuencia en mujeres, adolescentes, personas que han sufrido abusos durante su infancia, personas que conocen a algún familiar o amigo que se autolesiona, personas que consumen drogas o personas con trastornos psiquiátricos (trastorno de la personalidad límite, trastorno de la conducta alimentaria o trastorno por estrés postraumático).

¿Cómo podemos saber si una persona se autolesiona?

Hay algunas señales que nos pueden ayudar a identificar a una persona que se está autolesionando:

- La persona presenta lesiones continuas que no se pueden explicar de forma coherente.
- La persona lleva ropa que no es adecuada para la temporada o la temperatura, como jerséis en verano, con la finalidad de ocultar las lesiones que se ha producido.
- La persona pasa mucho tiempo encerrada sola en su habitación o en el baño.

- Encontrar restos de sangre (gasas, papel) en la basura o en otras partes de la casa sin justificación alguna.

- Encontrar búsquedas relacionadas con el tema en los historiales de internet de sus dispositivos electrónicos (ordenador, *tablet,* móvil).

¿Cómo se debe actuar ante una persona que se autolesiona?

Las personas que se autolesionan deben ser evaluadas por un profesional sanitario, especialmente si la persona presenta algunos de estos signos de gravedad:

- Utiliza métodos y utensilios peligrosos para autolesionarse (cuchillos, objetos cortantes, se tragan cuerpos extraños o sustancias altamente tóxicas, usan fuego, etc.).

- Si la persona se autolesiona de forma repetida y regularmente.

- Si la persona está aislada y tiene pocos amigos.

- Si tiene algún trastorno o enfermedad mental ya diagnosticado previamente.

El profesional sanitario tratará las lesiones físicas que hayan dejado las autolesiones y evaluará si es necesario consultar con un especialista de salud mental.

¿Cómo se puede diagnosticar que una persona se autolesiona?

El diagnóstico de autolesiones se realiza a partir de los criterios descritos en el *Manual diagnóstico y estadístico de los trastornos mentales* (DSM-5):

- En al menos cinco días del último año, la persona se ha provocado lesiones con el objetivo de causarse un daño, pero no con intención de suicidarse.
- La persona se autolesiona por una o más de las siguientes razones:
  - Aliviar un sentimiento o un pensamiento negativo.
  - Resolver una dificultad interpersonal.
  - Provocarse sentimientos positivos.
- Antes de autolesionarse, la persona experimenta:
  - Dificultades interpersonales o sentimientos o pensamientos negativos, incluyendo depresión o ansiedad.
  - Pensamientos frecuentes sobre autolesionarse.
  - Necesidad frecuente de autolesionarse.

El comportamiento no está aceptado por la sociedad (por ejemplo, hacerse *piercings* o tatuajes, arrancarse una costra o morderse las uñas no serían considerados autolesiones).

El comportamiento provoca malestar o interfiere con las áreas importantes del funcionamiento, como la vida social o académica.

El comportamiento no puede ser explicado por ningún otro trastorno mental, trastorno del neurodesarrollo u otro problema médico.

Algunas autolesiones pueden necesitar de tratamiento urgente. Hemos de llamar rápidamente al 112 en los casos siguientes:

- Inconsciente.
- Con mucho dolor, sea o no de la zona autolesionada.
- Con dificultad para respirar.
- Perdiendo mucha sangre.
- En estado de *shock* después de provocarse una herida o quemadura grave.

¿Qué tratamiento hay para las personas que se autolesionan?

Para tratar a las personas que se producen autolesiones suele ser necesario iniciar una terapia psicológica, con el objetivo de trabajar los siguientes puntos:

- Detectar y corregir factores desencadenantes como situaciones de abuso o maltrato, una enfermedad psiquiátrica, etc.

- Identificar y aceptar las distintas emociones como parte del ciclo vital normal.

- Fomentar estrategias de distracción del malestar emocional, cuando es muy intenso.

- Trabajar y enseñar estrategias de aceptación. Entender el malestar emocional como parte del ciclo vital.

- Aumentar las actividades diarias placenteras que aporten energía positiva.

- Cuidar el cuerpo. Comer de forma regular, realizar ejercicio físico, garantizar las horas de sueño, etc. Promover hábitos saludables.

- Cuidar la mente. Identificar valores personales y objetivos vitales.

- Fomentar las habilidades de comunicación y las relaciones sociales. Implicar a la familia y amigos en el proceso del tratamiento.

En algunos casos, puede ser útil añadir tratamiento farmacológico para controlar síntomas asociados como ansiedad, depresión o psicosis.

¿Se puede prevenir que alguien se autolesione?

Para ello se debe:

- Sensibilizar a la población del problema. Por ejemplo, enseñar a los adultos que trabajan con menores o adolescentes cómo detectar las autolesiones y cómo ayudar a la persona que lo hace. Diseñar programas que animen a los adolescentes a buscar ayuda.

- Intentar identificar a las personas de riesgo y ofrecerles estrategias para afrontar el estrés.

- Fomentar las relaciones en familia y generar un ambiente de confianza en casa. Realizar actividades de ocio con todos los miembros de la familia.

- Fomentar las relaciones sociales. Muchas personas que se autolesionan se sienten solas y aisladas. Hablar con personas que no se autolesionan puede mejorar las habilidades de relación y comunicación.

- Supervisar y regular el uso de internet en los adolescentes.

- Enseñar a los adolescentes a tener un pensamiento crítico hacia las referencias que existen en la música o las redes sociales sobre las autolesiones.

¿Qué puedo hacer si tengo un amigo o familiar que se autolesiona?

Tener a un familiar o amigo que se autolesiona suele ser una situación muy preocupante y, a veces, puede que uno no sepa cómo ayudar.

¿Cómo he de actuar?

- Hacerle saber que me importa lo que le está ocurriendo.

- Hablar de las autolesiones con calma y sin juzgar.

- Obtener información sobre las autolesiones y cómo enfrentarse a ellas.

- Solicitar la ayuda de un profesional (incluso puedo ofrecerme a acompañarlo a la visita con el profesional sanitario).

- Ayudar a la persona a entender qué cosas le han pasado para que haya llegado al extremo de autolesionase.

- Proponer actividades alternativas.

¿Qué tengo que evitar hacer?

- Ignorar las autolesiones.
- Tratar de ser su terapeuta.
- Enfadarme o castigarlo, ya que es probable que esto le haga sentir peor.
- Hacerle prometer que no volverá a autolesionarse.
- Sentirme culpable de las autolesiones o pensar que soy el responsable de pararlas.

¿Cómo evolucionan estos trastornos?

- Aproximadamente 1 de cada 3 personas que se autolesionan por primera vez lo volverán a hacer durante el año siguiente.
- Algunas autolesiones pueden tener secuelas físicas como cicatrices, infecciones, etc.
- Las personas que se autolesionan pueden tener otros trastornos mentales como los trastornos de la conducta alimentaria o trastorno por uso de sustancias.
- La tasa de suicidio es 50 veces superior en personas que se autolesionan que en personas que no.

¿Qué puedo hacer para evitar autolesionarme?

Para intentar calmarte sin autolesionarte es conveniente:

- Intentar hablar con alguien o, si estás solo, llamar o escribir a un amigo.
- Distraerte escuchando música, viendo la TV o haciendo algo que me guste.
- Hacer cosas que te relajen, como dar una vuelta, bailar, hacer ejercicios de relajación o apretar una pelota antiestrés.
- Encontrar otra forma de expresar tus sentimientos, como dibujar o escribir un diario.
- Hacer alguna actividad que sustituya la autolesión, como frotarte con cubos de hielo, ponerte una goma del pelo en la muñeca y jugar con ella, o utilizar un lápiz rojo con la punta blanda para pintarme en el sitio donde me suelo producir la autolesión.

Cada persona es diferente, algunas de estas estrategias funcionan para unas y no para otras. Es cuestión de probar diferentes alternativas y encontrar aquella que se adapte a cada uno.

También puede ser que no siempre funcionen las mismas técnicas, por lo que habrá que ir cambiándolas a medida que dejen de ser útiles.

¿Qué mitos hay sobre las autolesiones?

- Las personas que se autolesionan quieren suicidarse. Autolesionarse no es sinónimo de quererse morir. Muchas personas se autolesionan para disminuir sentimientos de malestar. Eso sí, la gente que se autolesiona tiene más probabilidades de intentar de suicidarse, por lo que es conveniente pedir visita con un profesional.

- Solo las chicas se autolesionan. Aunque las autolesiones son frecuentes en chicas, estas conductas no son específicas de género, afectan a todos.

- Es mejor ignorar las autolesiones porque solo son llamadas de atención. Las personas que se autolesionan no lo hacen para llamar la atención, sino para lidiar con el estrés o las emociones negativas.

- Las personas que se autolesionan están locas o enfermas. Las personas que se autolesionan tienen problemas para regular sus emociones. Aunque no todas estas personas tienen un trastorno psiquiátrico, es importante que sean evaluados por un profesional para descartarlo.

La adicción a la pornografía

La adicción a la pornografía es una alteración psicológica caracterizada por un uso excesivo de materiales pornográficos para satisfacer el apetito sexual, que llega a convertirse en una relación de dependencia con películas de contenido adulto, fotografías eróticas, etc.

La pornografía en todas sus variantes está íntimamente ligada a la obtención de placer y al despertar de la curiosidad sexual, además de reducir el estrés, aumentar los niveles de fantasía y de permitir la autoexploración, entre otros aspectos. Sin embargo, también se han descrito consecuencias negativas para la salud mental, especialmente en menores de edad.

En los últimos años, el uso de internet por parte de los más jóvenes se ha generalizado y ha disminuido significativamente la edad media en la que tienen su primer dispositivo móvil.

Este fenómeno ha provocado que los menores tengan un mayor acceso a contenidos poco adecuados para su edad, tales como la pornografía. En un informe publicado por Save The Children, se sitúa en torno a los 8 años la edad media en la que los menores empiezan a consumir este tipo de contenidos, y 6 de cada 10 menores declaran haber accedido a contenidos pornográficos de algún tipo.

Hay que tener en cuenta que acceder a contenido pornográfico tanto para niños, adolescentes como para adultos es más sencillo actualmente a través de internet, que aporta accesibilidad, asequibilidad y anonimidad.

Los menores disponen de un acceso ilimitado a múltiples y variados contenidos pornográficos. Sin embargo, debido a la etapa evolutiva en la que se encuentran, caracterizada, entre otros aspectos, por un cerebro aún en desarrollo, les resulta más dificultoso diferenciar entre realidad y ficción.

También se observa que los más jóvenes copian las conductas sexuales que visualizan en los materiales sexualmente explícitos y los consideran una potente herramienta de educación sexual.

Se ha observado que aquellos jóvenes que consumen pornografía presentan una mayor probabilidad de llevar a cabo sexo esporádico, sexo con amigos o sexo oral o anal. También refieren un mayor deseo sexual, mayor número de encuentros sexuales, múltiples parejas sexuales y una iniciación al sexo más temprana, en comparación con aquellos adolescentes que no consumen pornografía.

Existen algunas diferencias significativas si atendemos al sexo: un 87 % de los niños afirma haber visto porno y hacerlo casi a diario frente al 39 % de las niñas, quienes lo hacen una vez a la semana o al mes.

¿Qué consecuencias tiene para los adolescentes el consumo habitual de pornografía desde una edad temprana?

- Se pueden llegar a generar conductas sexualizadas problemáticas y cierta predisposición a una iniciación temprana de la actividad sexual con unas expectativas poco realistas de estas relaciones, conductas sexuales de riesgo, agresividad sexual, distorsión de los roles de género y objetificación de la mujer.

- El consumo de pornografía incita a comportamientos violentos, a ejercer la violencia y, además, a normalizarla. La pornografía tiende a la banalización de ciertas conductas violentas y del consentimiento.

- Normaliza muchas prácticas sexuales de riesgo. Los menores tienden a reproducir las conductas y a normalizar las conductas que se ponen en práctica en los vídeos de contenido pornográfico.

- Fomenta los estereotipos de género y las relaciones de desigualdad. Exponerse a la pornografía afecta a los menores tanto en su forma de comportarse y relacionarse con los demás como en su forma de pensar. La pornografía está relacionada con las conductas que reproducen estereotipos de género y patrones de desigualdad en las relaciones ente chicas y chicos.

- Este tipo de consumo se convierte en un problema en el momento en el que las fantasías, impulsos y conductas sexuales interfieren de manera repetitiva en las actividades y obligaciones diarias.

¿Cómo saber si un adolescente es adicto a la pornografía?

- Deja de lado otras ocupaciones para dedicar tiempo a la pornografía *online.*

- Prefiere estar en el ordenador/móvil viendo páginas web de contenido pornográfico que salir a ver a sus amigos o a quedar con personas reales.

- Lo oculta o miente, se avergüenza de su propia conducta sexual en internet y gasta dinero a escondidas en chats o páginas webs *online.*

- Utiliza el porno para regular sus emociones: cuando está triste, solo, de bajón, aburrido o para celebrar algún éxito.

- Cada vez necesita ocupar más tiempo viendo material pornográfico.

- Se siente culpable tras haberlo consumido.

¿Qué lleva a los adolescentes a consumir pornografía?

Las razones pueden estar entre las siguientes:

- Conseguir más estima personal.
- Sentirse más seguro con él mismo.
- Obtener satisfacción sexual.
- Lograr estabilidad emocional.
- Poder intimar con alguien.
- Buscar a alguien que les haga caso (muchos amigos lo hacen).
- Por curiosidad.
- Para adquirir experiencia.
- Porque se sienten solos.
- Porque se sienten irritables.
- Por aburrimiento.
- Porque necesitan liberar estrés.

¿Cómo se puede tratar y solucionar la adicción a la pornografía en los adolescentes?

Las herramientas más planteadas por los expertos para prevenir el uso problemático de la pornografía son dos: el control parental en internet y la educación sexual.

Los educadores deberían fomentar una mayor educación sexual en los niños y los adolescentes, así como formar a los padres para prevenir y establecer límites en la utilización de los dispositivos móviles, controlando así el acceso a la pornografía por parte de los menores.

¿Existe alguna relación entre el consumo de pornografía en los adolescentes y las cada vez más numerosas agresiones por parte de menores a otros menores?

El abuso y el uso cada vez más temprano de la pornografía y los modelos distorsionados de pareja y de relaciones que ofrece a la adolescencia puede ser una de las causas del aumento de violaciones grupales cometidas por menores de edad que han normalizado modelos de dominación y agresividad hacia las chicas.

El uso cada vez más temprano de las nuevas tecnologías, la visión distorsionada de las relaciones que ofrece el porno de consumo masivo, la falta de control parental sobre los contenidos a los que acceden los menores y la falta de autoestima y de empatía son factores que fomentan las conductas violentas en edades en las que se está formando todavía la personalidad y el conocimiento de lo que está bien o está mal. En la pornografía hay diferentes vertientes, pero los vídeos más vistos no son de una mujer y un hombre manteniendo relaciones sexuales, sino de los de una mujer rodeada de muchos hombres, de tríos, de actos en los que se denigra a la mujer y se la utiliza como un trozo de carne. Este consumo de pornografía está asociado a una sexualidad que no tiene nada que ver con la realidad.

La pornografía, a menudo, promueve ideas poco realistas sobre el sexo y la sexualidad. También puede fomentar mitos, como que los hombres son sexualmente persistentes y que las mujeres a veces dicen que no cuando quieren decir que sí, lo que podría contribuir potencialmente a la agresión sexual. Sin embargo, estos mismos mensajes problemáticos también aparecen en la televisión, en las películas y en la música convencionales, por lo que este no es un problema específico de la pornografía. Es importante proporcionar a los niños y adolescentes información basada en la evidencia para contrarrestar los mensajes problemáticos tanto en la pornografía como en los principales medios de comunicación.

También influye mucho la falta de autoestima, presente en una gran parte de los adolescentes, tanto en las chicas cuando piensan que lograrán aceptación si te miran por la calle o si un chico se quiere acostar con ellas. Y en los chicos, que no se dan cuenta de que no se necesita humillar a nadie ni estar por encima de alguien para ser respetado.

Esta baja autoestima en un grupo de chavales se retroalimenta, ya que cuando están junto a sus amigos se sienten alguien, pero en solitario no son así, no se valoran.

Cuatro investigadoras de la Universidad de Santiago de Compostela publicaron en 2021 una revisión sistemática de trabajos científicos sobre la relación entre el consumo de pornografía y las agresiones sexuales. Concluyen que no es posible mostrar la relación entre consumo de pornografía y agresión sexual, ya que "no existe un consenso entre los diversos investigadores sobre esta asociación", como tampoco hay "un acuerdo general a la hora de establecer una asociación causal entre estas dos variables". Añaden las autoras: "No obstante, sí se observa que el uso de este material explícito da lugar a consecuencias individuales a nivel de expectativas en cuanto a las relaciones sexuales y a la formación de ciertas creencias sexistas, destacando la afirmación del mito de violación y de los roles de género, los cuales son representados en la gran mayoría de películas pornográficas".

No es posible establecer una relación causal y directa entre pornografía y violencia sexual.

Centrarse en la pornografía como causa de la violencia sexual puede llevarnos a pasar por alto causas potencialmente más importantes, como la falta de educación sexual adecuada.

¿Qué podemos hacer si nuestro hijo es consumidor de pornografía?

Si descubrimos que nuestro hijo consume pornografía debemos plantear la cuestión de forma sincera, hablar con él y preguntar por qué ha accedido a ese contenido, qué opina de lo que ha visto, y explicarle que esas relaciones no son realistas y que su visión es muy dañina.

Se debe proporcionar educación afectivo-sexual desde edades tempranas. Esto no significa hablar de sexo a menores de edad, sino responder a sus dudas con sinceridad, adaptando las respuestas a su madurez. Debemos conseguir que nos vean como un referente para solucionar estas dudas y que el sexo no sea tabú en la familia. Educación afectivo-sexual no es solo hablar de sexo, implica hablar de la afectividad, el consentimiento, etc. Se ha de tener en cuenta que, si no respondemos a sus dudas, buscarán esa respuesta en otra parte.

El acceso a pornografía da una visión vejatoria del papel de la mujer en las relaciones sexuales. Muchas veces, la mujer en la pornografía aparece como un objeto de satisfacción que debe someterse a los deseos sexuales de los hombres, y esto añade el peligro de hacer creer que la mujer disfruta con esta violencia. Debemos educar a nuestros hijos en la igualdad, que tanto hombres como mujeres merecen el mismo respeto, que las relaciones sexuales también deben ser relaciones igualitarias y que no es no.

Educar en la responsabilidad y supervisar los contenidos a los que se accede es muy importante. Tus hijos deben saber que sus dispositivos van a ser supervisados y normalizar esto. Supervisar no es espiar, es hacer un seguimiento de un uso adecuado de dispositivos. Para ayudarte a la hora de supervisar se puede usar una herramienta de control parental. Gracias a estas herramientas la supervisión es más sencilla, pues permite programar los tiempos de conexión, contenido al que se accede, aplicaciones que se utilizan, etc. Es importante no ocultar estas herramientas a tus hijos, explicarles que son necesarias para cumplir tu obligación como madre o padre, que es supervisar y educar en la responsabilidad.

Si descubrimos que los accesos a este contenido son continuados, que llega a ser preocupante porque hay falta de control, abandono de otras actividades etc., lo mejor es contactar con un profesional en psicología o sexología.

La ludopatía

La ludopatía es un impulso irreprimible de jugar, a pesar de ser consciente de sus consecuencias y del deseo de detenerse. Está reconocida como una enfermedad por la OMS.

El juego en sí es una actividad normal y positiva en la vida de cualquier adolescente. Permite el desarrollo físico, psicológico y social, y facilita que descubra y aprenda las normas sociales y de convivencia. El problema es el juego patológico, que sucede normalmente en los de azar con remuneración económica.

El juego patológico, que también se conoce como trastorno del juego, es el impulso incontrolable de seguir apostando sin importar las consecuencias que eso tenga en tu vida. Apostar significa que estás dispuesto a arriesgar algo que valoras con la esperanza de ganar algo de mayor valor.

¿Cómo podemos diagnosticar que un adolescente es ludópata?

Los signos y síntomas que nos pueden indicar que un adolescente es ludópata son los siguientes:

- Está preocupado por apostar, por cómo planificar actividades con apuestas constantemente y por cómo obtener más dinero de esa manera.

- Tiene necesidad de apostar cantidades cada vez mayores de dinero para sentir la misma emoción.

- Intenta controlar, corregir o abandonar las apuestas y no puede hacerlo.

- Se siente intranquilo o irritable cuando intenta dejarlo.

- Apuesta para evadir los problemas o aliviar sentimientos de impotencia, culpa, ansiedad o depresión.

- Intenta recuperar el dinero perdido apostando más (recuperar las pérdidas).

- Miente a sus familiares o a otras personas para ocultar la gravedad de la manera en que juega compulsivamente.

- Pone en riesgo o pierde relaciones importantes, un trabajo u oportunidades educativas o laborales debido al juego compulsivo.

- Pide a otras personas que le saquen de apuros financieros porque ha perdido su dinero apostando.

Un adolescente debe cumplir al menos tres de los anteriores signos o síntomas para que sea diagnosticado como ludópata. La mayoría de los apostadores casuales dejan de apostar cuando pierden o establecen un límite de cuánto dinero están dispuestos a perder; sin embargo, las personas con un problema de juego patológico sienten el impulso de seguir jugando para recuperar su dinero, un patrón que se vuelve cada vez más destructivo con el tiempo. Algunas personas pueden recurrir al robo o al fraude para obtener dinero para apostar.

¿Qué motivaciones presenta un adolescente ludópata para jugar?

Los motivos que pueden impulsar a un adolescente a jugar son:

- **Superar el aburrimiento o tener relaciones sociales.** En adolescentes con pocos intereses intelectuales o deportivos, o aislados de la sociedad, el juego puede desempeñar estas funciones.

- **Ganar dinero.** El juego no es un buen camino para ganar dinero. Una persona normal, cuando apuesta, puede ganar o perder; un jugador patológico, por el contrario, a la larga pierde siempre, independientemente de que tienda a hablar más de las ganancias que de las pérdidas.

- **Olvidar los problemas.** Lo que ocurre es que el juego contribuye a aumentarlos y no se trabaja en saber afrontar los problemas.

- **Conseguir niveles altos de excitación.** El problema está en que cuando una persona se encuentra excitada, cuenta con una mayor probabilidad de tener problemas con el control del dinero.

- **Adquisición de hábito.** La costumbre puede llevar a una persona a no abandonar un hábito que ha comenzado a crearle dificultades.

¿Qué problemas conlleva el juego patológico a un adolescente ludópata?

El juego patológico puede conllevar lo siguiente en los jóvenes:

- A nivel personal, los ludópatas no se encuentran bien habitualmente. Su autoestima pierde valor al mentir habitualmente a los padres, amigos y profesores, descuidando sus obligaciones cotidianas como estudiar, salir, charlar. Esto les genera un nivel de malestar general anímico caracterizado por tristeza, ansiedad o irritabilidad. En último término, el ambiente que les rodea está muy deteriorado. Esta situación los puede llevar a consumir alguna sustancia, también adictiva, como el alcohol o alguna droga para tratar de aliviar este malestar general producido por el juego.

- La situación económica suele ser apurada y las deudas contraídas, cuantiosas. No son infrecuentes los robos o estafas y el sometimiento de la familia a penurias económicas relacionadas con la ludopatía.

- El rendimiento en el trabajo se resiente como consecuencia de los pensamientos constantes en el juego y de las faltas o abandonos del centro escolar, sin descartar aquellos casos de expulsión del centro escolar por robo o por incumplimiento manifiesto de la responsabilidad como estudiante.

- En el entorno familiar, la dedicación al juego impide al adolescente adicto prestar la atención debida a sus padres, pareja o hermanos. Vivir con un adolescente ludópata es muy duro, y no todas las familias están dispuestas a aguantarlo. Hay familias que buscan un centro especializado para intentar sacar al adolescente del juego.

- Los adolescentes que son jugadores patológicos disponen de poco tiempo para las relaciones sociales. Los amigos, más aún en el caso de que hayan prestado algún dinero no recuperado, acaban por volver la espalda al jugador, que, de esta manera, se queda más aislado y deprimido.

- Lo que algunos adolescentes ludópatas entienden como "tomar prestado" no es otra cosa que robar. Los ludópatas están implicados con frecuencia en conductas penadas por la ley: uso fraudulento de tarjetas de crédito, impagos, robos...

¿Qué factores pueden favorecer la ludopatía en los adolescentes?

La ludopatía es como una plaga que se propaga entre muchos adolescentes. Ser víctima de la ludopatía a temprana edad es más fácil de lo que comúnmente se cree. Un inofensivo videojuego, teléfono móvil o el uso excesivo de internet pueden desencadenar una serie de conductas adictivas en los adolescentes asociadas a este trastorno serio en el control de los impulsos por jugar.

Según especialistas de distintas asociaciones de jugadores de azar en rehabilitación, el uso inadecuado de las nuevas tecnologías por parte de los jóvenes está siendo responsable de muchas iniciaciones en casinos *online*, ruletas virtuales y otros juegos altamente nocivos.

La aparición de internet ha supuesto una gran revolución, que ha cambiado el perfil de los actuales jugadores patológicos. Ahora, a través de internet el juego patológico llega a nuestros adolescentes cada vez con más facilidad.

Las apuestas *online* o juegos como el póker por internet están sustituyendo cada vez más a las tradicionales máquinas tragaperras. Los jóvenes están muy familiarizados con las nuevas tecnologías y son presas fáciles de los casinos o de las casas de apuestas en internet.

Los últimos estudios confirman que los casos de ludopatía en adolescentes duplican ya en número de casos la prevalencia del juego patológico en los adultos.

España es el país europeo con más casos de jóvenes adictos al juego. En el rango de edad de los 15 a los 22 años los españoles ludópatas superan a todos nuestros vecinos europeos.

Los factores que favorecen la ludopatía en los adolescentes son:

- No tener comunicación efectiva y afectiva con los padres.
- Disponer de mucho tiempo libre.
- Poseer gran cantidad de dinero o, al contrario, tener poco y ver en el juego un modo fácil de obtenerlo.
- Que resulte difícil poder controlar las actividades cotidianas que realiza.
- Tener facilidad de acceso a los juegos de azar.
- Arrastrar problemas psicológicos escolares.
- Tener la sensación de que puede controlar la suerte y, por tanto, el juego de azar.
- Necesitar de autoafirmación ante sus compañeros.
- Falta a la escuela.

¿Cómo se puede tratar la ludopatía en la adolescencia?

La ludopatía en la adolescencia, como todas las adicciones y enfermedades, tiene cura. Lo primero que se necesita es que el adolescente desee curarse, el paso previo es reconocer su adicción al juego. Esto tan simple resulta muy complicado, pues el adolescente ludópata, como el paciente alcohólico, no suele reconocer su adicción.

Las escusas son innumerables para justificar su conducta: "Es solo un entretenimiento", "Lo tengo todo controlado", "Esto lo dejo cuando yo quiera". Sin la aceptación del trastorno es muy difícil la recuperación del joven. El caso más frecuente es que acuda a consulta después de haber perdido mucho dinero y presionado por la familia. Si esta presión familiar no va acompañada de un reconocimiento explícito y un sincero deseo de abandonar el juego, la terapia está condenada al fracaso. Una vez en terapia, es importante estudiar los trastornos asociados, pues de todos es conocida la frecuente asociación de la ludopatía con otros trastornos psicológicos. En algunos casos, debido a la intensidad de la ansiedad o a fuertes componentes depresivos, que pueden incluir la ideación autolítica, es conveniente valorar si el paciente precisa algún tipo de medicación que le ayude en esta fase inicial.

Una vez se ha conseguido que el paciente deje de apostar, al menos temporalmente, podemos indagar en las emociones y necesidades más profundas que le han llevado a adoptar ese comportamiento. El paciente debe ser capaz de comprender las carencias emocionales que le han empujado al juego y ser capaz junto a su terapeuta de buscar alternativas saludables.

La prevención de las recaídas debe desempeñar un papel fundamental en la terapia. Para ello, es fundamental que el adolescente trate de acercarse a los lugares de riesgo. En ocasiones, es muy útil recurrir a los grupos de apoyo para complementar la psicoterapia, pero nunca para sustituirla.

Conclusiones

Las adicciones en los adolescentes son un problema grave de salud pública que puede tener consecuencias negativas a corto, medio y largo plazo.

La adolescencia siempre representa una etapa de transición y crisis personal, de ahí que muchos menores recurran a las drogas o a adicciones comportamentales para sobrellevar los cambios complejos que han de asumir.

Los adolescentes son especialmente vulnerables a las adicciones, debido a que su desarrollo cerebral y emocional aún está en pleno desarrollo. También influye la presión social que a veces sufren por parte de sus amigos (para integrarse en el grupo y ser aceptados por sus semejantes), y por la curiosidad de probar y descubrir cosas nuevas.

Los adolescentes pueden ver en el consumo de drogas un modo de iniciarse en la vida adulta, si bien, en realidad, no están preparados para valorar las consecuencias de sus acciones, lo que los conduce a tomar riesgos peligrosos innecesarios.

Varios son los factores que pueden contribuir al uso y abuso de drogas entre los adolescentes. El consumo por primera vez ocurre a menudo en entornos sociales donde hay sustancias de fácil acceso. Este es el caso de las drogas legales como el alcohol o el tabaco.

Desde hace un tiempo se viene alertando también de las adicciones comportamentales que padecen muchos adolescentes y que los aísla del mundo exterior. Sin duda, el desarrollo de las nuevas tecnologías, los móviles y las redes sociales virtuales propiciaron toda una fuente de adicciones en la adolescencia. Y es que simplemente con disponer de una conexión a internet se puede acceder a numerosos juegos *online* o redes sociales de forma ilimitada. Ya ni siquiera es necesario tener que salir de casa para compartir tiempo con otros.

Las adicciones pueden afectar a su salud física y mental, su rendimiento académico y sus relaciones interpersonales. Es importante que los padres, educadores y profesionales de la salud trabajen juntos para prevenir las adicciones en los adolescentes y proporcionarles el apoyo necesario en caso de que ya estén lidiando con una adicción. La mejor estrategia para prevenir el consumo de sustancias nocivas o cualquier otra adicción en un adolescente es la educación y el diálogo, esto es, enseñarles los riesgos a los que están expuestos y los efectos terribles que causan las drogas y la falta de libertad que ocasiona el abuso de las nuevas tecnologías. Pero también es necesario promover en los menores una autoestima alta y su desarrollo personal sano, para evitar que caiga en dependencias de cualquier tipo.

Pero no siempre es fácil llevar a cabo esta tarea y, en ocasiones, los padres no están preparados para abordar este tipo de problemas, o tal vez el adolescente no se muestre dispuesto a escuchar los consejos paternos.

Sin embargo, nunca es demasiado pronto para empezar a hablar con los hijos adolescentes sobre el abuso de drogas. Las conversaciones que se tengan hoy pueden ayudar al adolescente a tomar decisiones saludables en el futuro.

Pero, indudablemente, la estrategia estrella siempre será predicar con el ejemplo, algo en lo que muchos adultos fallan.

Aunque actualmente se ha conseguido que la sociedad en general muestre un rechazo absoluto al consumo de drogas y ya no se considere como un hábito atractivo e interesante, todavía existe una gran cantidad de personas consumidoras de sustancias adictivas, sobre todo entre la población joven y adolescente.

Existen una serie de pautas o recomendaciones que podemos llevar a cabo, desde nuestro rol de padres, familiares o amigos, para prevenir que los jóvenes se inicien en el consumo, así como para frenar el desarrollo de la adicción si esta ya ha comenzado.

Por tanto, tenemos que:

- **Informar.** A pesar de que en la actualidad existen numerosas campañas llevadas por parte de instituciones y centros educativos en las que se trata de informar a los más jóvenes acerca de los riesgos del consumo de drogas, como familiares y personas con adolescentes a nuestro alrededor nos convertimos también en agentes directos de prevención.

Esto significa que no tenemos por qué esperar a que los adolescentes reciban información acerca de las drogas desde el exterior, nosotros mismos podemos informarnos bien y transmitir esa información, puesto que el hecho de que sea alguien cercano y de confianza quien la transmita también puede resultar positivo.

- **Desarrollar sus habilidades sociales.** En una gran cantidad de casos, los adolescentes se inician en mundo de las drogas porque alguien de su propio grupo de amistad se las ofrece. En estos casos la falta de habilidades sociales, así como una escasa educación emocional y de técnicas asertivas provocan que, por temor a ser rechazado, el adolescente acepte el consumo. Sabiendo esto, la educación en habilidades sociales que permitan a los jóvenes decir no sin ningún tipo de temor son fundamentales para prevenir que estos se inicien en el consumo.

- **Fomentar el desarrollo de una autoestima positiva.** Si al miedo de no encajar unimos que una gran parte de los adolescentes no tienen una autoestima suficientemente alta o no se sienten lo suficientemente seguros consigo mismos, encontraremos en estos rasgos un factor de riesgo muy importante para el consumo de drogas. Por lo tanto, ayudar al desarrollo de una autoestima alta que les aporte seguridad en sí mismos será también de gran relevancia a la hora de evitar que recurran a las drogas como forma para sentirse mejor con ellos mismos.

- **Desarrollar el sentido crítico.** Un adolescente bien informado y con la seguridad suficiente será mucho más capaz de desarrollar un sentido crítico frente al consumo de drogas. Si conseguimos que el joven juzgue las drogas tal y como son, tanto para su integridad física como psicológica y social, haremos posible que llegado el momento se niegue a consumir cualquier tipo de estupefaciente o sustancia adictiva.

- **Favorecer el diálogo.** Intentar hablar con los adolescentes, mostrar interés por sus preocupaciones, no juzgar y ganar su confianza, ayudará a que estos se sientan cómodos hablando con nosotros, nos cuenten sus problemas. De esta manera, nos será mucho más fácil ayudarlos a que los resuelvan positivamente y no tengan que recurrir a las drogas como una vía de escape o una forma de evitarlos u olvidarlos.

La solución no pasa por prohibir salir a nuestros hijos, lo que sería contraproducente, sino por intentar comunicarnos mejor con ellos.

Encuentra el lugar y el momento adecuados: interrumpir a tu hijo o acorralarlo cuando no se lo espera o está enfadado no es un buen comienzo. Por el contrario, busca la situación idónea para hablar con tranquilidad y sin que nadie os moleste. Mantén una actitud empática y asertiva. El objetivo no es criticar y abochornar, sino demostrar que le escuchamos y que puede contar con nosotros cuando lo necesite. Deberás ser paciente y mostrarle respeto para que se abra con franqueza.

Pregúntale su opinión y refuerza tu argumento con datos. En lugar de preparar un discurso que el menor percibirá como un sermón, charla para conocer su punto de vista y hacerle ver el lado negativo de las drogas. No es lo que gana, sino lo que se arriesga a perder.

Evita ponerle de ejemplo a otros amigos. No aproveches la conversación con tu hijo para ponerle de ejemplo a otros chicos o chicas de su edad. Primero, porque quizás no conozcas toda la verdad, y segundo, porque puedes provocar su rechazo y lograr el efecto contrario.

Ayúdale a combatir la presión de su grupo de iguales. Si el consumo viene motivado por nuevas amistades poco recomendables, pídele que te explique por qué quiere parecerse a ellos, y hazle ver con tacto cómo y por qué debería oponerse a lo que ellos hacen.

- **No intentar sobreprotegerlos.** Aunque esta sobreprotección no sea más que un reflejo de la preocupación que los padres o conocidos sienten acerca de los hábitos de los más jóvenes, estas conductas tienden a ser contraproducentes. Los jóvenes deben percibir en los padres, familiares o tutores una actitud de aceptación, un lugar al que recurrir cuando de sienten mal o angustiados. Para ello, deberemos transmitir que estamos abiertos a ello, pero sin resultar un agobio.

- **No ser autoritarios.** Como ya he dicho anteriormente, la adolescencia es una etapa de la vida del ser humano que tiene como una de sus características principales la rebeldía. Por lo tanto, cuando somos adolescentes, de una forma u otra intentamos ir en contra de lo impuesto o establecido de una forma habitual. Los estilos de educación autoritarios en la que los padres o tutores impongan su opinión o su manera de vivir de manera intransigente no resultarán nada efectivos a la hora de evitar el consumo de drogas. En todo caso siempre es mejor recurrir al diálogo y al consenso.

- **Ser coherentes con nuestros actos.** Raramente podremos evitar que los adolescentes consuman cualquier tipo de drogas si estas también se consumen en casa. De la misma manera, para que el mensaje en contra de las drogas se transmita de la manera más efectiva posible, nuestra actitud en torno a ellas también tiene que ser coherente.

En esta guía también he hablado de las otras adicciones que puede desarrollar un adolescente que no están sujetas al consumo de una determinada sustancia, sino que conllevan cambios en los comportamientos o conductas de las personas.

Por último, cabe recordar que siempre está a tu disposición la ayuda profesional. Así, si sospechas que tu hijo adolescente consume drogas, debes acudir al médico de atención primaria o a un psicólogo que te oriente. También puedes buscar asesoramiento en un centro de tratamiento de adicciones, que suelen estar especializados en adicciones en la adolescencia.

Muchos padres y madres sienten que pedir ayuda es un fracaso y lo retrasan todo lo posible; sin embargo, el consumo de drogas en la adolescencia, como otros muchos problemas y trastornos, ofrece mayores garantías de recuperación cuanto antes se traten. Por lo tanto, posponer lo que en muchos casos termina siendo inevitable no hace más que dificultar la recuperación del menor y, en consecuencia, la de la propia familia.

Hasta aquí esta guía. Espero que te haya ayudado un poco a conocer mejor, en primer lugar, una de las etapas más importantes de nuestro crecimiento y formación como personas, la adolescencia; y, por otro lado, alguno de los peligros que se pueden encontrar los jóvenes al entrar en ella. No hay que olvidar que todos pasamos por ese periodo y que cada persona es diferente y la vive y la experimenta a su manera, según las circunstancias, de todo tipo, que la rodean.

Como padre de una adolescente y de un preadolescente, me parece interesante conocer más de este asunto, para saber cómo puedo ayudar a mis hijos, tener alguna herramienta que me ayude.

Sé perfectamente que, como muchas otras cosas, esta guía no es la panacea para solventar todos los problemas que se pueden desarrollar en la adolescencia de nuestros hijos, pero espero poder haberte, al menos, dado un poco de información, necesaria para intentar que estos posibles problemas sean menos y los puedas llevar de otra forma.

Hay que tratar de ayudarlos en esa difícil etapa, que en muchas ocasiones es clave para el desarrollo de las personas que serán en el futuro.

Esta claro que nadie nace enseñado y que no hay un manual para hacer un hijo perfecto. Partiendo de la base que la perfección no existe, lo que tenemos es que tratar de entenderlos, ponernos en su lugar, criarlos de la mejor forma posible. Y si al final vemos que por nosotros mismos no podemos solucionar alguno de los problemas o situaciones que se han detallado en esta guía, podemos acudir sin miedo y sin dudarlo a un especialista, el cual nos ayudará y seguro que hará que este o estos problemas sean más llevaderos.

Muchas gracias por llegar hasta aquí. Espero haberte podido ayudar un poquito.

Saludos.

Jaume

www.ingramcontent.com/pod-product-compliance
Lightning Source LLC
LaVergne TN
LVHW101945220826
846093LV00006B/113

* 9 7 8 8 4 1 9 7 3 1 2 3 4 *